Auf die Päckchen, fertig, los!

Anna Herzog lebt mit Mann, vier Kindern und einer wechselnden Tierschar in einem alten Haus im Ruhrgebiet. Eigentlich ist sie Ärztin – wenn sie nicht gerade schreibt. Und wenn sie Zeit hat, träumt sie sich auf ein Segelboot am liebsten weit draußen auf dem Meer. Mehr unter: www.annamariaherzog.de

Barbara Korthues wurde 1971 in Münster geboren. An der Fachhochschule Münster studierte sie Visuelle Kommunikation mit Schwerpunkt Illustration. Seit 1996 tummeln sich ihre liebevoll gestalteten Figuren in Kinder- und Bilderbüchern. Die freischaffende Illustratorin lebt heute in Stuttgart.

Mehr über unsere Bücher, Autoren und Illustratoren auf:
www.gabriel-verlag.de

Anna Herzog

Auf die Päckchen, fertig, los!

Mit farbigen Bildern von
Barbara Korthues

Gabriel

Wenn du die Straßenbahn nimmst, die aus der Stadt hinausführt, und du fährst bis zur Endstation, dann vergiss bloß nicht, dort auszusteigen! Die Straßen werden hier schon dünner und es gibt alle möglichen Sorten von Häusern – große und kleine, alte und ganz neue. Und die Luft schmeckt schon ein bisschen nach Land.

Willkommen, willkommen im Beerenviertel!

Du könntest jetzt natürlich denken, dass hier Bären leben. Vielleicht fändest du das ja lustig – je nachdem, wie du gestrickt bist. Aber dann muss ich dich enttäuschen!

In Wahrheit nennen es alle so, weil die Straßen hier Brombeerweg heißen. Oder Holundergasse oder Blaubeerallee oder Erdbeerstraße.

Steig langsam aus der Straßenbahn und schnüffele – ja, vor allem das: Schnüffele!

Riecht es nach Kuh? Dann kommt der Wind von links, denn dort lebt der Kuhbauer, unten im Tal. Er lebt dort mit all seinen schwarz-weißen Kühen und noch jeder Menge anderem Getier. Du kannst ihn gerne besuchen gehen. Wenn du etwas Zeit mitgebracht hast.

Oder riecht es nach Pferd?

Dann kommt der Wind von rechts, denn im Tal rechts

wohnt Jette-Babette mit ihren halbwilden Pferden. Jette-Babette ist auch halbwild. Manchmal steigt sie abends auf einen Stein und singt ein Lied, das bis hinauf ins Beerenviertel steigt.

Aber auch wenn sie ein wenig wild ist: Jette-Babette freut sich immer über Besuch! Wenn du also ganz viel Zeit übrig hast, dann kannst du auch ins Osttal hinabsteigen und ein wenig auf ihren Pferden reiten.

Hier oben jedenfalls, auf der Anhöhe zwischen den beiden Tälern, breitet sich das Beerenviertel aus. Windig ist es hier häufig und es schneit früher als in manchen anderen Gegenden.

Es gibt hier eine Kirche und einen Kindergarten und eine Schule für Kleine und – ein wenig weiter weg – auch eine für Große. Ein Schwimmbad gibt es dort ebenfalls und ein winziges Einkaufszentrum und was noch?

Natürlich – den Kiosk von Tante Nilgün! Dieser Kiosk ist der Glitzerpunkt vom ganzen Beerenviertel.

Ohne Tante Nilgüns Kiosk könnte man hier schlichtweg nicht leben. Denn Tante Nilgün hat alles, was man so braucht. Besonders natürlich, wenn man ein Kind ist und Sachen mag wie Kirschlollis und Wassereis, kleine Gummi-Cola-Flaschen und Comics.

Der alte Pfarrer der windzerzausten Kirche hier oben soll einmal gesagt haben: »Wenn man Tante Nilgün fragt, ob sie vielleicht zufällig in ihrem Kiosk auch ein lebendes Krokodil auf Lager hat, dann braucht man nicht überrascht zu sein, wenn sie es einem über die Ladentheke reicht.«

Ja, sonst leben hier keine Krokodile – du musst also keine Angst haben.

Aber Kinder leben hier – ein ziemlicher Haufen.

Vielleicht möchtest du ein paar kennenlernen. Wo du schon einmal hier bist.

Also: Das hier ist Maja. Maja trägt immer einen Hut, und wo sie ist, ist immer etwas los. Sie wünscht sich dringend ein Einrad, um die Mülltonnen umrunden zu können.

Daneben siehst du ihre beste Freundin Destiny. Sie ist sehr ordentlich und wenn sie lacht, müssen alle mitlachen. So lustig klingt es.

Der Kleine dort ist ihr kleiner Bruder John. Er geht noch in den Kindergarten und Maja will ihn unbedingt als Patenkind haben, wenn er endlich in die Schule kommt.

Leni geht wie John in die Igelgruppe, und Lotta sagt, sie sei das sturste Mädchen

John

Destiny

Maja

der Welt. Lotta muss das wissen, denn sie ist Lenis große Schwester. Lotta findet Rosa und Glitzer eklig. Sie bekommt Ausschlag davon, sagt sie. Das liegt vielleicht daran, dass sie auch noch zwei große Brüder hat.

Leon ist der Stärkste der ganzen Schule, obwohl er so klein ist. Und er schießt die meisten Tore. Jonathan ist sein bester Freund, obwohl er nicht Fußball spielt. Er ist der Größte in der Klasse und Klassensprecher, weil er meistens gerecht ist.

Ben ist Jonathans kleiner Bruder und er geht *auch* in die Igelgruppe.

Und das hier ist Paulina. Sie ist die Sanfteste auf der ganzen Welt. Sie wünscht sich so sehr ein Haustier. Als alle aus der Klasse ihre Haustiere mitbringen durften, hat Paulina zwei Marienkäfer in einem Marmeladenglas mitgebracht.

Du aber, du steigst ja gar nicht im Sommer aus der Straßenbahn, wie ich gerade sehe!

Nein, es ist grau und schon dämmerig und die Menschen laufen in Schals und Wintermänteln über die Straßen.

Lotta   Leni   Leon   Jonathan

Du brauchst mich nicht so vorwurfsvoll anzusehen, weil es nicht nach Pferd oder Kuh riecht. Jetzt, im Winter, ist die Luft kalt und leer. Die Pferde und Kühe stampfen in ihren Ställen.

Aber sieh mal: In den Fenstern leuchten die ersten Kerzenpyramiden und dort hinten – an Tante Nilgüns Kiosk – versucht einer von diesen Plastikweihnachtsmännern, aufs Dach zu klettern.

Das hat er letztes Jahr auch schon versucht. Aber er bleibt jedes Jahr in der Dachrinne hängen.

Warte – ich glaube, die Luft riecht doch nach etwas. Ich glaube, sie riecht nach Zimt und Glühwein. Dann hat wohl der Weihnachtsmarkt vor der Kirche schon begonnen.

Über dem Beerenviertel liegt ein leichter Dunst und das alte Kopfsteinpflaster glänzt vor Nässe. Nur zu, das Viertel wartet auf dich. Aber pass auf, dass du nicht ausrutschst!

Ben   Paulina

Der Papiermaschee-Weihnachts... öh

Heute hat die 2b Kunst und heute ist ein grauer Matschtag draußen. Und so beschließt Frau Sand, dass auch drinnen gematscht wird. Sie holt Zeitungspapier heraus und Kükendraht und Luftballons, während alle sich ihre Malkittel und alten Hemden zum Matschen anziehen.

»Wozu ist denn der Draht?«, fragt Jonathan. Paulina, die bei ihm am Tisch sitzt, zuckt die Schultern.

»Maja ist krank«, sagt Frau Sand. »Sie hat vielleicht das Pfeiffersche Drüsenfieber und kommt eine ganze Zeit nicht zur Schule. Da habe ich gedacht, wir basteln ihr gemeinsam einen Papiermaschee-Weihnachtsmann.«

»Wieso hat sie denn Pfeifen-Fieber?«, fragt Jonathan, der gerade mit Leon rumjuxt.

»Pfeiffersches Drüsenfieber«, erklärt Frau Sand und sieht ihm streng in die Augen. »Das ist ein Virus. Da geht es einem ganz schlecht!«

Jonathan überlegt ein Weilchen. »Wie sieht das denn aus, das Virus?«, fragt er dann.

Aber Frau Sand wirft ihm nur böse Blicke zu, weil sie gerade einen Luftballon aufbläst. Danach muss sie Kleister anmi-

schen und alle wollen den Kleister einmal mit dem Schneebesen schlagen. Und sie muss mit der Drahtschere den feinen Maschendraht schneiden. Und aufpassen, dass sich keiner aus der 2b damit in die Finger sticht.

Kurz: Frau Sand hat und hat einfach keine Zeit, um Jonathan zuzuhören.

Obwohl der doch eine so gute Idee hat, dass sein Gesicht ganz heiß ist.

Die ganze Zeit meldet er sich schon und nun klopft es auch noch an die Tür und es ist so ein I-Dötzchen, so ein kleiner Erstklässler, Frau Sand muss sofort mit ihm kommen, weil sich jemand wehgetan hat.

»Ihr könnt ja schon mal anfangen, Kinder!«, sagt Frau Sand. »Die Form ist fertig, beklebt sie erst einmal mit Zeitungspapier.« Und das tun sie.

Außerdem kann Jonathan jetzt endlich seine Idee loswerden, sonst würde er wohl auch platzen.

»Weihnachtsmann ist doof«, sagt er. Die anderen, die gerade Papier aus der Kleisterschüssel fischen oder Zeitungen zerreißen, schauen hoch.

»Ey, Weihnachten ist überhaupt nicht doof!«, sagt Leon jetzt.

»Bestimmt freut Maja sich über den Weihnachtsmann«, sagt Destiny.

Jonathan zuckt die Schultern. »Klar, aber ein Monster wäre viel cooler. So ein Monster, das voll gegen das Virus kämpft. Frau Sand hat doch gesagt, wie gefährlich das ist. Das Monster braucht Laser und …«

»Giftnebel«, fällt Leon ein. »Giftnebel hilft auch gegen ein Virus, hab ich mal im Fernsehen gesehen!«

»Und leuchtende, böse Augen«, schreit Lotta.

»Und einen Rüssel, damit knallt er rote Farbe auf das Virus. Das kann man nämlich sonst nicht sehen!«, schreit Leon jetzt wieder.

Paulina zeigt ihm eine Klorolle, die hat sie wohl aus dem Klassen-Bastelkarton. Der perfekte Rüssel!

Moment – Bastelkarton: Da gibt es auch alte Joghurtbecher und Wollreste und Flaschendeckel und Kastanien …

Frau Sand kommt und kommt einfach nicht wieder. Aber sie sollten ja schon einmal anfangen, oder?

Und als Frau Sand schließlich kommt, merkt es wirklich keiner, so beschäftigt sind sie alle.

Jonathan zuckt schrecklich zusammen, als sie plötzlich neben ihm fragt: »Soll das der Bart vom Weihnachtsmann sein?«

Jonathan starrt sie an. Bart? Das ist ein Virusfangnetz. Das sieht man doch.

Es dauert eine Weile, bis sie Frau Sand erklärt haben, dass der Draht, der oben aus der Figur heraushängt und an dem lauter bunte Federn klemmen, ein Virus-Suchgerät ist. Und nicht eine besonders merkwürdige Weihnachtsmannmütze.

Oder warum der Weihnachtsmann einen Rüssel im Gesicht hat.

Aber schließlich gibt Frau Sand auf. »Ein Monster also«, seufzt sie. Sie zieht hilflos die Schultern hoch. »Na ja, wenn es Maja gefällt.«

Und da schreien alle, dass es Maja bestimmt gefallen wird. Aber trotzdem sieht Frau Sand nicht so aus, als ob sie das wirklich glaube.

»Gut«, sagt sie dann. »Wir lassen es jetzt trocknen und anschließend malen wir es an. Und wenn Maja dann immer noch nicht wieder in der Schule ist …«

»Dann bringen wir es ihr!«, sagt Jonathan.

Jetzt nickt Frau Sand. Erst langsam und schließlich überzeugter.

Danach zeigt sie auf die alte Spülbürste, die hinten aus dem Monster herausragt. »Und was genau ist das hier?«, fragt sie.

Ein seltsames Experiment

Es ist so kalt – huh, wie ist es kalt! Die Pfützen knirschen und splittern, wenn man auf sie tritt und die Jungs haben die Mädchen heute den ganzen Tag auf dem Schulhof mit Eissplittern beworfen. Ja, bis die Lehrerin es gemerkt hat. Dann durfte er die Splitter vom Schulhof fegen, damit keiner ausrutscht.

Aber jetzt sind Maja und Destiny auf dem Weg nach Hause.

»Ich hab Geld«, sagt Maja. »Ich kauf uns zwei Rosinenbrötchen, klar?« So ist Maja. Sie teilt immer. Destiny hat nichts gegen Rosinenbrötchen, vorausgesetzt, sie kann die Rosinen herausfummeln.

»Meinst du, Fische mögen Rosinen?«, fragt Destiny Maja, als sie auf dem Betonrand des kleinen Teichs neben dem Einkaufszentrum sitzen. Darin schwimmen nämlich ein paar Goldfische herum, obwohl die dünne Eisdecke auf dem Wasser schon bis zur Mitte des Teichs gewachsen ist.

»Lass mal ausprobieren«, sagt Maja.

Und das tun sie. Ja, Goldfische mögen Rosinen.

»Die armen Goldfische«, sagt Destiny. »Ob die erfrieren da drinnen?«

Maja starrt sie entsetzt an. »Echt. Wie so Fischstäbchen. Oder die kriegen keine Luft mehr, wenn das Eis zu ist.«

»Oh, die armen Goldfische«, seufzt Destiny.

»Ich hab einen Kescher zu Hause«, sagt Maja.

»Und wo tun wir sie dann rein?«, fragt Destiny.

»Eimer?«, fragt Maja zurück. Destiny nickt. Mama hat einen ziemlich großen Putzeimer. Da passen bestimmt zehn Goldfische rein.

»Aber bei uns ist kein Platz«, seufzt jetzt Maja und Destiny nickt wieder. Bei Maja ist es ziemlich vollgestopft.

»Mama hat den Keller aufgeräumt«, sagt sie zu Maja.

Und da ist ja alles klar.

»Bloß, wenn uns jetzt jemand sieht …«

»Wir können warten, bis das Einkaufszentrum schließt«, schlägt Destiny vor.

Und das tun sie. Allerdings braucht Destiny zu Hause für ihre Matheaufgaben ewig lange, weil sie so aufgeregt ist. Und Maja kann beim Weihnachtskartenbasteln zu Hause nicht eine Sekunde still sitzen. Sodass Mama fragt: »Hast du eine Blasenentzündung?«

Aber um sieben Uhr treffen sie sich endlich vor dem Teich.

Destiny hat sogar Fischfutter von ihrem Taschengeld gekauft.

»Durftest du noch mal weg?«, fragt Maja.

Destiny nickt. »Ja. Ich habe Mama gesagt, dass ich noch mal schnell zu dir muss.«

»Hihi«, sagt Maja. »Das habe ich meiner Mama auch erzählt, dass ich noch mal zu dir muss.«

Mit Fischfutter ist es nicht schwer, Goldfische zu keschern. Und als Maja und Destiny mit zwei schwappenden Eimern losziehen, biegt gerade ein älterer Herr in die Kastanienallee ein. Das ist ganz klar Herr Maxeiner. Der trägt nämlich immer so eine komische Mütze mit zwei Ohrenklappen. Ja, außer im Sommer natürlich.

Maja und Destiny versuchen, möglichst schnell an Herrn Maxeiner vorbeizuhuschen. Aber das funktioniert bei Herrn Maxeiner nicht. Er bleibt stehen, schaut auf den Kescher und fragt: »Na, Mädels, wart ihr bei der Kälte angeln?«

Die beiden Mädchen schütteln die Köpfe.

»Was habt ihr denn dann in euren Eimern?«, fragt Herr Maxeiner lachend.

»Och. Das ist bloß ein bisschen Wasser von Jette-Babettes Teich«, antwortet Maja schnell und Destiny sieht sie voller Bewunderung an. Aber es ist doch unglaublich, Herr Maxeiner ist neugieriger als eine junge Kuh. Schon will er wissen: »Und was macht ihr mit Wasser aus Jette-Babettes Teich hier oben, wenn ich fragen darf?«

Nee, das darf er eigentlich nicht. Fragen.

»Ein Experiment«, sagt Destiny schnell und jetzt schaut Maja bewundernd zu Destiny hinüber. Nicht, dass Herr Maxeiner nun endlich Ruhe geben würde. »Und was für ein Experiment?«, will er doch wirklich wissen.

»Ein … ein … hm«, fängt Destiny an zu stottern.

»M«, sagt Herr Maxeiner. »Meinst du vielleicht Mikroskop? Also ein Vergrößerungsglas. Wollt ihr das Teichwasser durch die Lupe anschauen und sehen, was für Tiere darin schwimmen?« Destiny und Maja schauen sich an. Das kann man ganz gut so sehen, was für Tiere darin schwimmen. Aber Maja nickt schnell. »Genau. Destiny kriegt nämlich ein Mikroskop zu Weihnachten.«

»Junge Forscher. Gut, sehr gut«, sagt Herr Maxeiner und nickt ihnen zu. Und endlich können die beiden mit ihren schwappenden Eimern weiterziehen.

Wenig später sind sie in Destinys Keller angekommen.

Und jetzt muss kein Goldfisch mehr zum Goldfischstäbchen erfrieren.

Puh.

Das Leuchten in der Nacht

Meistens ist Leni die Erste, die wach ist.

Aber als sie heute aufwacht, da merkt sie sofort, dass etwas anders ist als sonst.

Das ganze Haus ist still, aber das kennt sie ja schon. Nur: Heute ist es noch stiller als sonst. Alles schläft, sogar der Tag.

Die Nacht schaut schwarz zu Lenis Zimmerfenster hinein, aber sie leuchtet auch, so ein merkwürdiges, mildes Leuchten.

Leni schlüpft schnell aus dem Bett. Huh, es ist so kalt!

Sie tapst auf nackten Füßen zum Fenster hinüber und da … sieht sie es. Ja, sie *sieht* das Leuchten und ihre Augen beginnen zu strahlen.

Dick und weich ist der Schnee gefallen und nun liegt er glitzernd auf der Tanne und dem Kletter-Apfelbaum und dem Gras. Winzige Spuren führen hindurch und über die Terrasse.

Vielleicht sind das die Spuren der Weihnachtswichtel, von denen Oma erzählt hat. Leni reckt sich, um besser sehen zu können, doch nichts bewegt sich im Schnee.

Sie atmet schneller. Bestimmt ist er dick genug zum Schlittenfahren, oder?

Leni krümmt ihre Zehen und überlegt. Es dauert noch sooo lange, bis sie es ausprobieren kann – erst muss sie in den Kindergarten gehen und dort gibt es Mittagessen und danach Kindertee und erst dann holt Mama sie ab.

Lotta und Jakob sind da bestimmt schon auf dem Todeshügel mit dem Holzschlitten! Und sie kriegt wieder nur den blöden Rutschteller!

Das ist so gemein!

Und dann kommt bestimmt auch Ben aus der Igelgruppe wieder auf den Schlittenhügel. Der versucht immer, sie vom Teller in den Schnee zu schubsen.

Leni atmet tief ein und schaut in die stille Nacht hinaus.

Plötzlich dreht sie sich um.

Strumpfhose. Skihose. Der dicke Fleecepulli.

Weil: Sie kann das ganz alleine! Sie ist nicht mehr so ein Baby, wie Lotta und Jakob immer sagen!

Ein bisschen klopft ihr Herz aber doch, als sie die Treppe hinunterschleicht. Es ist so einsam in diesem schlafenden Haus!

Da kommt Toto aus dem Wohnzimmer getapst. Er gähnt und schaut Leni verwundert an und sie hockt sich nieder und schlingt glücklich die Arme um seinen Hals.

»Kommst du mit, Toto?«, flüstert sie in sein gelbes Ohr.

Toto hechelt ein wenig in Lenis Ohr hinein. Das heißt natürlich ja.

Und wo sind ihre Handschuhe?

Fast fängt Leni an zu weinen, als sie überhaupt nicht da sind, wo sie hingehören. Aber dann nimmt sie einfach die von Lotta aus der Schublade. Die mögen Schnee! Die wollen bestimmt auch gerne Schlitten fahren!

Der Schlitten ist so schwer, Leni schleppt ihn stöhnend die ganze Kellertreppe hinauf. Toto wedelt vor Aufregung

mit dem Schwanz und winselt. Aber da muss Leni ihm die Schnauze zuhalten.

Ganz leise macht sie die Tür hinter sich zu.

Und dann muss Leni erst einmal staunen. Wie wunder-wunderschön die Welt nachts so ist! Besonders, wenn sie vor Schnee nur so glitzert.

Der Schnee knirscht unter ihren Füßen und der Schlitten zieht seine rostigen Spuren hinein.

Leni schaut zurück.

Ihre Spuren. Die allerallerersten in dieser weißen, pudrigen Decke.

Alles klingt so weich. Der Himmel funkelt hoch über ihr.

Leni atmet glücklich ein. Und dann macht sie sich auf den Weg durch die große Nacht mit einem goldenen Hund an der Seite.

Und niemand, niemand sieht sie fortgehen.

Die Mutprobe

Nun ist es also so weit. Bis hierhin hat er sich schon mal getraut. Langsam, ganz langsam öffnet Jonathan den Trompetenkoffer. Seine Hände zittern. Ob er sich wirklich, echt trauen soll, zu spielen? Ganz allein?

Ob Maja noch kommt?

Der Markt lärmt um ihn herum, niemand bleibt stehen und schaut ihm zu, wie er in seine fingerlosen Handschuhe schlüpft. Oder die Marschgabel, die die Noten hält, auf seiner Trompete befestigt.

Langsam steckt er das Mundstück in das Rohr der Trompete.

Nein, lieber nicht! Lieber fängt er gar nicht erst an!

Schon gar nicht ohne Maja. Sie hatte ihm doch versprochen, dass sie ihren Hut vor ihn legt.

Doch da … da hört er etwas. Von ferne wehen plötzlich Oskar Jansons seltsame Lieder zu ihm herüber.

Wenn Oskar Janson sich das immer traut, kann er es doch vielleicht auch einmal versuchen, oder?

Jonathan steht auf.

Er setzt die Trompete an die Lippen. Die ersten Töne klin-

gen noch nach verschnupftem Elefant und Jonathan muss ständig nach Luft schnappen.

Aber dann kommt endlich eine echte Melodie aus seiner Trompete heraus: »Ihr Kinderlein, kommet«.

Ein alter Mann in einem dunklen Mantel bleibt vor ihm stehen und lächelt. Und dann bückt er sich und legt doch tatsächlich ein glänzendes Geldstück in Jonathans Trompetenkoffer. Jonathan wackelt zum Dank mit der Trompete. Nachdem er zwei Mal »Ihr Kinderlein, kommet« gespielt hat, wechselt er die Noten. Jetzt ist »Leise rieselt der Schnee« dran. Immer mehr Menschen bleiben stehen. Eigentlich macht es fast Spaß!

Jonathan vergisst den Markt um sich herum und nun klingt seine Trompete auch kein bisschen mehr wie ein Elefant mit verstopfter Nase. Nein, es ist, als ob der Weihnachtsmarkt jetzt erst richtig weihnachtlich ist.

Geld klingelt in dem Trompetenkoffer, schon hat Jonathan die Noten wieder gewechselt: »Stille Nacht, heilige Nacht« schwebt jetzt durch den langsam dunkelnden Nachmittag.

Immer mehr Leute bleiben stehen und lachen und klatschen jetzt sogar! Der ganze Trompetenkofferboden ist schon bedeckt mit Münzen.

Aber die Leute fangen erst an mitzusingen, als Jonathan »Oh, Tannenbaum« anstimmt.

Jonathan blinzelt über seine Noten hinweg. Da entdeckt er doch tatsächlich auch Frau Sand, die mitsingt. Und Leon steht in der Menge und winkt ihm zu. Und da ist Maja endlich – Jonathan wird ganz heiß vor Glück. Er spürt seine

kalten Finger nicht mehr, er denkt noch nicht einmal mehr an all das Geld, das sich vor seinen Füßen sammelt. Er denkt nur noch an die Musik. Und dass er sich auf Weihnachten freut, das auch.

Doch da kommt jemand über den Markt daher, den Jonathan kennt. Zunächst steht er ganz am Rand der singenden Menge, aber als Jonathan ein weiteres Mal die Noten von seiner Marschgabel nimmt, da schiebt er sich vorsichtig durch

die Menschen. Und nun steht er vor ihm und Jonathan erschrickt.

Papa!

Er hat doch Papa gar nicht gefragt, ob er hier spielen darf!

Sein Herz trommelt ein Lied, als er zu Papa aufsieht. Aber es ist bestimmt kein Weihnachtslied, denn dafür ist es viel zu schnell.

»Hallo, Sohn«, sagt Papa und wirft einen langen Blick auf den Koffer.

»Hallo, Papa«, flüstert Jonathan.

»Das ist ja ein echter Wahnsinn, was man mit Trompete spielen so verdienen kann«, stellt Papa fest.

Jonathan sagt lieber gar nichts.

Aber da streckt Papa plötzlich die Hand aus und wuschelt ihm durch die Haare. »Dann mach mal weiter«, sagt er. »Aber pass auf, dass dir die Finger vor Kälte nicht abfallen.«

Er sieht seinen Sohn an und lächelt und Jonathan wird so warm ums Herz, dass das bestimmt noch für eine Stunde Trompetenspielen reicht.

Später, viel später geht Jonathan nach Hause, müde und glücklich. Oh ja, das Geld reicht für sein Trikot.

Und außerdem auch noch für ein Weihnachtsgeschenk für Papa.

Ein Monster für Maja

Tja. Dieses Monster sieht ganz und gar nicht freundlich aus, findet Frau Sand. Und man erkennt deutlich, dass sie ein wenig Sorge hat, dass Maja sich zu Tode erschrickt.

Vorne hat es Flammenaugen bekommen. Rot und schwarz und orange.

Hier steht sie nun, die ganze Klasse, vor Majas Haustür. Leon reibt sich die Hände und Destiny stampft mit den Winterstiefeln.

Majas Haus sieht anders aus als die anderen in der Reihe. Es hat zwar das gleiche graue Dach wie die anderen und es ist auch weiß gestrichen. Aber unter dem Dach, wo sonst das Auto steht, stapeln sich alte Kaninchenställe und ein Sandkasten aus Plastik (natürlich ohne Sand drin) und ein kaputtes Dreirad und noch eine Menge anderer Sachen. Hinter jedem Fenster hängt eine andere Art Vorhang.

Niemand öffnet die Tür, sodass Frau Sand noch einmal klingelt.

Nun wacht das Haus auf und drinnen poltert jemand die Treppe hinunter und jemand sagt: »Moment. Halt. Du bist noch krank. Ich sehe nach, wer das ist.«

Eine Frau öffnet die Tür und sieht staunend auf die ganze Gesellschaft. Daneben aber schiebt Maja ihren Kopf durch die Tür. Sie ist dünn und blass, doch als sie die anderen sieht, grinst sie von einem Ohr bis zum anderen. Typisch Maja eben.

Schon schreien alle durcheinander, bis Frau Sand die Hand hebt.

»Wir haben Maja die Hausaufgaben mitgebracht«, sagt sie. »Und noch etwas … anderes.«

Sie greift hinter sich und schiebt Jonathan nach vorne, obwohl der doch seine Stiefel in das winternasse Gras stemmt.

Aber schließlich trägt er ja das Virusmonster. Und jetzt soll Maja es sehen.

Damit sie auch nichts verpasst, bringt Jonathan es ganz nahe an sie heran. Niemand sagt einen Ton, während Maja den Finger ausstreckt und über die Spülbürste an seinem hinteren Ende streichelt. (Quatsch, den schrecklichen Borstenschwanz, der sich millionenmal schnell drehen kann und alle Viren wegpustet.)

Jonathan hält die Luft an.

»Puh«, sagt Maja plötzlich. »Voll cooles Monster!«

Und da wird Jonathan rot, knalltomatenrot, um genau zu sein.

»Findest du es echt cool?«, flüstert er leise.

Maja nickt. »Ist das ein Weihnachtsmonster oder so was?«, fragt sie.

»Nee«, sagt Jonathan. »Ein Pfeifenmonster.«

Aber bevor Maja die Pfeife suchen oder nachschauen kann,

ob das Monster vielleicht sogar gleich
mehrere davon hat, schreien schon alle
durcheinander.

»Nee, ein Virusmonster doch. Gegen das
Pfeiffersche Drüsenfieber-Virus!«

»Das macht deine Viren kaputt, guck mal, das hat Scheren-
pfoten, damit zerschnippelt es die!«

»Die hab aber ich gemacht, nicht du!«

»Das ist, damit du schneller gesund wirst, Maja!«

Man sieht sofort, wie sehr Maja das Monster bewundert, so
sehr strahlt sie. Und sie sagt, sie stellt es sofort neben ihrem
Bett auf. Und sie verspricht auch, bald wieder in die Schule
zurückzukommen!

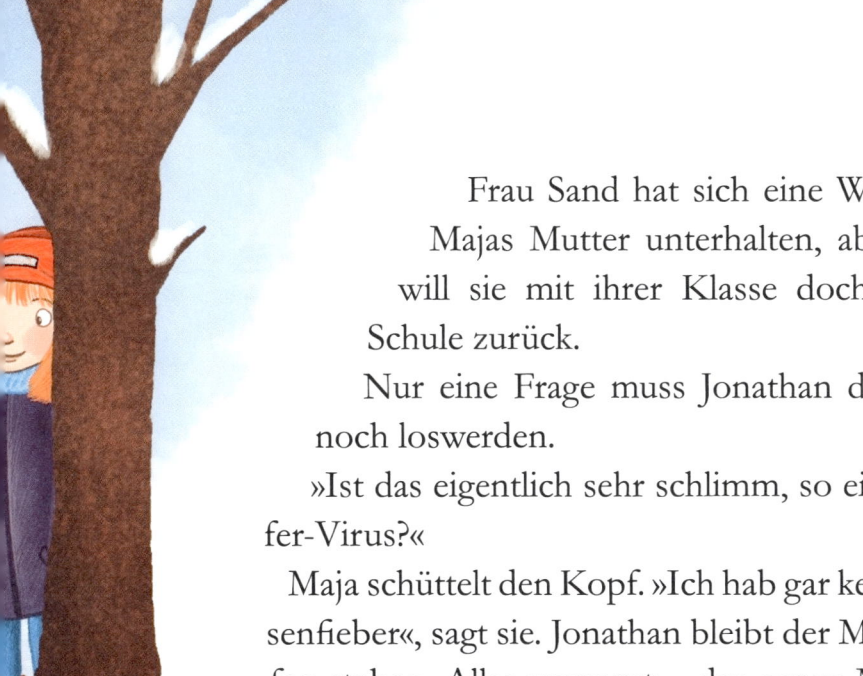

Frau Sand hat sich eine Weile mit Majas Mutter unterhalten, aber jetzt will sie mit ihrer Klasse doch in die Schule zurück.

Nur eine Frage muss Jonathan dringend noch loswerden.

»Ist das eigentlich sehr schlimm, so ein Pfeiffer-Virus?«

Maja schüttelt den Kopf. »Ich hab gar kein Drüsenfieber«, sagt sie. Jonathan bleibt der Mund offen stehen. Alles umsonst – das ganze Monster und so! Maja fügt hinzu: »Ich hatte Scharlach.«

»Das Monster hilft sowieso gegen alles!« Jonathan zuckt die Schultern. »Auf jeden Fall war es meine Idee«, setzt er noch schnell hinzu, bevor irgendjemand anderes das noch behauptet.

Maja legt den Kopf schief. »Nächste Woche bastele ich jedenfalls. Schiffe. Du kannst ja dazukommen, wenn du willst.«

»Hm. Jo«, sagt Jonathan. Und als die ganze Klasse zur Schule zurücktrabt, sind zwei Dinge jedenfalls klar: Das Monster ging voll in Ordnung. Und Jonathan wird mit Maja ein paar Schiffe bauen.

Bloß: Wie groß die Schiffe sein werden – das ist Jonathan noch nicht ganz klar.

Ein Baum in Gefahr

Nun ist es also so weit: Familie Rabe kauft ihren Weihnachtsbaum.

»Dieses Jahr ist es *noch* später als letztes Jahr!«, flüstert Lotta Jakob vorwurfsvoll zu. Wirklich: Es ist genau einen Tag vor Heiligabend. Aber Jakob grinst nur.

Hier trabt die ganze Familie den Mispelweg entlang, sogar Toto ist dabei. Gleich werden sie den Weihnachtsmarkt erreicht haben – da bleibt Papa plötzlich stehen.

»Kinder, ich habe eine großartige Idee! Wie wäre es, wenn wir dieses Jahr den Weihnachtsbaum aus dem Wald holen? So richtig mit Säge und Axt?«

Lotta wird blass, Jakob wird blass, Max wird blass.

»Warum sagt ihr denn nichts? Das haben wir noch nie gemacht! Und mein Arbeitskollege hat mir so davon vorgeschwärmt, wie viel Spaß es seinen Kindern macht, gemeinsam den Baum im Wald auszusuchen«, sagt Papa und sieht sie vorwurfsvoll an.

Lotta beißt sich auf den Finger ihres Handschuhs, Jakob scharrt im Schneematsch herum, Max murmelt: »Ja, schon. Irgendwie …«

Nur Leni fängt an zu weinen.

Mama bückt sich zu Leni hinunter und nimmt sie in den Arm. »Lenikind, was ist denn mit dir los?«

Leni wischt sich die Nase mit ihrem Fäustling ab.

»Ich will aber nicht, dass Papa sich einen Arm absägt. Max hat gesagt, das tut Papa sogar, wenn er eine Säge bloß ansieht!«

Papa schaut verblüfft auf seine Arme, die alle beide ziemlich fest an ihm dranhängen. Mama sieht zu Papa auf.

»Weißt du, Patrick … Ich kann Max schon verstehen. Denk an unseren letzten Aufenthalt in der Notaufnahme des Krankenhauses. Vielleicht könnten wir das ja auf nächstes Jahr verschieben? Vielleicht mag Tom dann auch mitkommen?«

Tom ist Papas Bruder. Er ist Tischler und kann mit Sägen und Hammern etwas besser umgehen als Papa.

»Na gut«, murmelt Papa und alle atmen heimlich auf.

Er setzt sich wieder in Bewegung. Jakob zwinkert Lotta zu. »Die Gefahr ist vorüber«, soll das heißen.

Tja. Irrtum.

Denn wer läuft ihnen gerade am Eingang des Marktes am Würstchenwagen entgegen?

Papas Bruder Tom.

Papa und Tom begrüßen sich mit Handabklatschen. Und was fragt Tom als Allererstes, bevor Papa auch nur den Mund aufmachen kann?

»Sagt mal, habt ihr schon einen Weihnachtsbaum?«

»Sehen wir so aus?«, fragt Papa zurück.

Toms Blick wandert über die ganze Familie.

Lotta wird blass, Jakob wird blass, Max wird blass.

Nur Leni spielt mit Toto.

»Nein, so seht ihr nicht aus«, gibt Tom zu. Er sieht wieder Papa an.

»Ich gehe gleich mit Johann zum Bauern«, sagt Tom da. Johann ist Toms Freund. »Und da werden wir uns den schönsten Weihnachtsbaum der Welt absägen.«

Wieder wirft er einen Blick auf Papas Kinder. »Wollt ihr nicht mitkommen? Wir lassen euch auch den zweitschönsten übrig.«

In Papas Augen beginnt ein Licht zu glimmen. Er sieht plötzlich so aus, als habe er dieses Weihnachten überhaupt keine Lust, sich mit Bäumen abzugeben, die ihre Wurzeln nicht fest in der Erde stecken haben. Jetzt, wo er mit Tom gegen einen wirklichen Baum kämpfen kann.

Lotta wird blass, Jakob wird blass, Max wird blass und diesmal wird auch Leni blass. Jetzt ist alles verloren!

Nur Toto wird nicht blass. Er hat gerade etwas gesehen und jetzt fängt er an, mit dem Schwanz zu wedeln. Sind das da hinten nicht die Männer, die ihm immer etwas von ihrer leckeren Bratwurst abgeben?

Gerade hat Papa noch vor Tom gestanden, doch nun ist er verschwunden. Ein großer, goldener Hund zieht ihn quer über den Markt wie ein Stück Bratwurst.

Vier Kinder galoppieren der Bratwurst – äh, ihrem Vater hinterher, als müssten sie mal eben ein Haus löschen gehen.

Und nun stehen Papa und Toto wedelnd vor dem Weihnachtsbaumkäfig. Nein, Toto wedelt natürlich nur, Papa hat schlechte Laune, besonders als er die paar struppigen Weihnachtsbäume sieht. Sie drücken sich in der Ecke des Käfigs aneinander, sodass man nur Mitleid mit ihnen haben kann.

»Sind Sie nicht die Familie, die immer einen besonders schönen Weihnachtsbaum sucht?«, fragt der große Mann Papa, bevor der auf die Idee kommen kann, wieder abzudrehen. Und schon tritt der Mann hinter seine Wärmebude und zieht ihn hervor. *Den* Baum. Der schon halb bezahlt ist.

»Diesen hier habe ich zufällig noch«, sagt er. »Den wollte einfach keiner haben.«

Lotta seufzt entzückt. Oh, wie ist er schön!

Sie wirft einen Blick zu Papa hinüber. Und da ... da sieht sie einen Funken in Papas Augen aufleuchten, so einen bestimmten Funken ...

Papa tritt an den Baum heran. »Wie viel soll er denn kosten?«, fragt er misstrauisch.

Seine vier Kinder stehen hinter ihm und blinzeln sich zu.

Denn nun wird alles genauso laufen wie letztes Jahr. Und das Jahr davor. Hurra – Weihnachten ist gerettet!

»Seht ihr, Kinder«, sagt Papa, als sie alle zusammen den prächtigen Baum über den Markt schleppen. »Es macht überhaupt nichts, dass wir immer auf den letzten Drücker gehen – wir finden immer einen besonders schönen Baum.«

Lotta, Jakob, Max und Leni nicken.

Da steht Tom am Ausgang des Marktes und Papa bleibt stehen. Er sieht Tom an und hebt die Schultern.

Tom nickt. »Aber nächstes Jahr«, sagt er. »Nächstes Jahr kommt ihr mit und holt euch einen echten Tannenbaum.«

Papa nickt. Jakob, Lotta, Max und Leni nicken auch.

Und Lotta beschließt, dass sie nachher auf dem Markt noch eine Bratwurst kauft.

Für Toto.

Ein Weihnachtsbaum in Stücken

»Max, deine Schuhe sind hier!«

»Kannst du Leni mal helfen? Die kriegt den Reißverschluss nicht zu. Mann, du bist doch viel näher dran!«

»Pssst! Ey, Lotta und Jakob! Ich glaube, ich habe Papa gehört!«

Vier Kinder erstarren gleichzeitig und schauen sich erschrocken an.

»Der hat sich wahrscheinlich nur im Bett umgedreht«, flüstert Max als Erster und Ältester. »Habt ihr alles?«

Jakob nickt und versucht, Lenis Zöpfe unter die Kapuze zu stopfen. Aber dann schüttelt Leni den Kopf und schon sind sie wieder frei, die Zöpfe.

»Losgeht's!« Das war wieder Max, der Befehler.

Lotta zieht die Haustür ganz leise hinter ihnen zu. Papa und Mama dürfen nicht aufwachen, bloß nicht! Dann wäre alles umsonst!

Der Weg durch den Vorgarten ist vereist, sie müssen höllisch aufpassen. Lotta hält Leni jetzt an der Hand. Sie atmet tief ein und die kalte Luft sticht in ihre Lunge.

Wie verzaubert die Welt aussieht! Winzige Raureifnadeln

piksen von den Zaunlatten in die Luft. Die milchige Wintersonne, die gerade erst aufgeht, lässt den Schnee funkeln.

Max ist schon vorausgelaufen. Jakob dreht sich nach den Mädchen um. »Los, sonst kriegen wir nichts mehr«, flüstert er.

Weihnachten – es liegt überall in der Luft. In den Vorgärten winden sich Lichterketten um Tannen und Apfelbäume und in den Fenstern leuchten Kerzenpyramiden.

Auf dem Marktplatz steht der größte Weihnachtsbaum des ganzen Viertels, wie jedes Jahr. Er ist sooo prächtig, aber die Geschenke darunter sind nicht echt. Später einmal werden Lotta und Jakob in einem Schloss leben, da sind sie sich ganz sicher. Und dort wird es genauso einen Weihnachtsbaum geben wie auf dem Marktplatz. Nur mit echten Geschenken darunter.

Der Markt hat schon begonnen. Die Kinder huschen am Crêpe-Stand vorbei und am Stand mit dem Weihnachtsbaumschmuck.

Leni hat ihre kleine Hand schon aus Lottas gewunden, wie immer. Aber jetzt sind sie ja auf dem Markt und hier kennt Leni sich aus.

Dort drüben steht Oskar Janson und singt, dass es nur so dröhnt.

»Was macht dieses seltsame Tier, direkt hier vor mir?«, singt er mit voller Stimme. »Wir wissen's nicht, wir müssen uns bescheiden und unter unsrer Neugier weiter lei-hei-den.«

Mama sagt immer, er habe eine wunderschöne Stimme. Die sei auf diesem Markt einfach nur verschwendet und sie würde ihn gerne in den Chor holen.

Ja … wenn er nur nicht immer so merkwürdige Texte sänge.

Aber davon lässt Oskar Janson sich einfach nicht abbringen und darüber ist Lotta froh. Was wäre Weihnachten ohne Oskar Jansons Gesang und seine merkwürdigen Texte?

Jetzt sind sie angekommen. Hier ist der Käfig. Und da stehen auch zwei Männer und reiben sich die Hände in ihren dicken Arbeitshandschuhen. Ein anderer Mann steht davor und blickt suchend in den Käfig und eine alte Frau scheint schon einen gefunden zu haben.

»Was meint ihr?«, sagt Max.

»Der da!«, sagt Jakob. Aber Max findet ihn zu dürr. Und der in der Ecke ist zwar wundervoll buschig, aber – zu klein.

Es dauert wie immer eine Weile, aber dann sind sie sich einig. Dieser hier ist genau richtig groß. Und er hat eine Spitze, auf die der Weihnachtsengel passt. *Und* er ist buschig und seine Nadeln piksen auch nicht, sodass Leni ihn mitschmücken kann.

Die beiden Männer mit den Arbeitshandschuhen sind dieselben wie letztes Jahr, puh! Einer ist groß und der andere ist klein und sie sind alle beide nett und als Erstes geben sie Toto ein Stück von ihrer Bratwurst ab.

Sie sagen Max den Preis und Max tut so, als ob er in Ohnmacht falle. Und dann fangen sie an, zu verhandeln, wobei die Männer ziemlich lachen müssen. Aber zuletzt erklärt Max den Preis für okay. Jakob, Lotta, Leni und Max fangen an, in ihren Hosentaschen nach dem Taschengeld zu graben.

Max entscheidet auch, wer wie viel zahlen muss, damit der Weihnachtsbaum angezahlt ist und für Familie Rabe bis Weihnachten reserviert. Doch er ist fair, findet Lotta. Leni braucht nur zwanzig Cent herzugeben.

»Aber ihr holt ihn wirklich ab!«, erinnert sie der große Mann wie jedes Jahr und alle vier Kinder nicken.

Der große Mann macht ein Zeichen auf das Preisschild. Das ist ein Geheimzeichen und bedeutet, dass dieser Baum praktisch schon verkauft ist. Und dann packen der große und der kleine Mann den Baum und schieben ihn hinter die anderen Bäume.

»Hoffentlich kommt Papa dieses Jahr nicht auf irgendwelche merkwürdigen Ideen«, meint Jakob, während sie sich wieder auf den Weg nach Hause machen.

»Was denn für Ideen?«, fragt Lotta.

Jakob zuckt die Schultern. »Vielleicht will er in den Wald fahren und einen Baum selbst absägen.«

»Papa?!«, fragen Lotta und Max gleichzeitig. Denn ihr Papa kann noch nicht einmal eine Scheibe Brot gerade absägen.

Auf dem Weg darf Leni wieder die Brötchen kaufen, wie jedes Jahr. Und wie jedes Jahr werden Papa und Mama sich freuen, dass ihre Kinder einmal im Jahr alle zusammen Brötchen für ein gemütliches Frühstück gekauft haben.

Und wie jedes Jahr werden sie keine Ahnung haben, was ihre Kinder so früh sonst schon getrieben haben.

Ganz groß

Ben darf heute ganz alleine vom Kindergarten nach Hause gehen.

Er kann das. Er ist nämlich schon groß. Wenn die Kastanien grün werden, wird er fünf. Es hat ziemlich lange gedauert, bis Mama ihm das endlich geglaubt hat. Also nicht, dass er fünf wird. Sondern dass er schon groß ist.

Hier steht er nun vor dem Kindergarten. Leni winkt ihm aus dem Fenster hinterher. Sie ist auch in der Igelgruppe.

Und außerdem seine Freundin. Ben atmet tief ein. Und schon marschiert er los. Ist doch ein Klacks.

Erst einmal die Straße mit der Mauer entlang. Mit *der* Mauer, auf der man ganz lang balancieren kann. Aber er singt natürlich nicht das Lied, das Mama dann immer singt. Das von der Wanze. Nein. Stattdessen singt er: »Was macht die Puppe in der Suppe? Was macht die Kuh in meinem Schuh?« Das ist eins von den merkwürdigen Liedern von seinem Freund Oskar Janson.

Jetzt kommt er zu dem besten Kastanienbaum der Welt. Aber die Kastanien sind schon lange alle weg. Jonathan, sein großer Bruder, hat ganz viele gesammelt.

So, hier ist jetzt die Straße mit dem Einkaufszentrum, puh.

»Was macht die Katze unter der Matratze?«, singt Ben ganz laut.

Vom Einkaufszentrum aus ist sein Zuhause schon ganz nah.

Ben hört Schritte hinter sich. Er dreht sich um. Irgendjemand verschwindet blitzschnell in einem Hauseingang. Der hatte es aber eilig.

Puh, wo lang jetzt bloß? Bens Herz klopft. Und ganz kurz, nur einmal atmen lang, ist er der Alleinste auf der Welt.

Bis …

Bis er das Apothekenschild sieht. Hustensaft und Fiebersaft. Und manchmal gibt es Plakate von Robbenbabys.

Er war noch nie alleine in der Apotheke. Die Tür klingelt ziemlich laut. Die Frau im weißen Kittel erkennt ihn und fragt, ob er einen Traubenzucker mag. Den mag er gerne. Und einen für Jonathan mag er auch. Und er darf sich sogar ein Heft mitnehmen. Den Comic in dem Heft kann Jonathan ihm vorlesen für den Traubenzucker, findet Ben.

Draußen stopft er sich den Traubenzucker gleich in den Mund.

Irgendjemand geht vielleicht hinter ihm her. Doch als Ben sich umdreht, ist niemand da.

Da vorne ist das Einkaufszentrum. Ben steckt die Hände in die Jackentaschen. Könnte sein, dass noch etwas Geld darin ist. Aber: leider nein.

Aus dem Einkaufszentrum kommen ein paar Leute. Aber niemand schaut zu Ben hinüber. Niemand sieht, dass er ge-

rade ganz alleine nach Hause geht. Vielleicht ist Mama ja im Laden?

Jetzt gehen die Straßenlaternen an und plötzlich wird es kalt und dunkel, findet Ben.

Vielleicht … wenn er ein wenig wartet …

Und das tut er. Er wartet und wartet und es wird immer dunkler.

»Was macht das Pferd auf dem Herd?«, flüstert er.

Keine Mama kommt.

Aber da kommt Frau Maxeiner heraus. Sie trägt zwei Tüten.

Frau Maxeiner wohnt bei Ben gegenüber. Er könnte ja hinter ihr her gehen. Dann geht er immer noch alleine nach Hause, oder? Er könnte ein Geheimagent sein und sie verfolgen. Bloß … sie geht sooo langsam. Weil sie doch humpelt. Weil sie neulich im Krankenhaus war, hat Mama gesagt.

Aber Ben will nach Hause. »Das wird immer alleiner hier draußen«, murmelt er. Jetzt ist es auch gar nicht mehr weit, nur noch an dem Haus vorbei, das vor Weihnachten nur so glitzert. Sogar das Vogelhäuschen. Ben will an Frau Maxeiner vorbeihuschen. Da fällt ihm plötzlich etwas ein.

Er ist doch schon groß, oder?

Papa hilft Frau Maxeiner immer tragen.

Ben atmet tief ein. »Hallo, Frau Maxeiner«, sagt er.

Frau Maxeiner lächelt ihn an. »Hallo, kleiner Ben«, sagt sie.

Ben wird ganz grimmig innen drin. Jetzt wird er aber Frau Maxeiner beweisen, dass er nicht mehr klein ist.

Er schnappt sich einfach eine Tüte. Aber ehe er sagen kann (wie Papa immer): »Das ist doch viel zu schwer für Sie!«, da sagt Frau Maxeiner: »Aber Ben, das ist doch viel zu schwer für dich!«

Das wird sie jetzt aber sehen. Natürlich reißt ihm die blöde Tüte eigentlich fast den Arm ab. Aber Ben nimmt einfach beide Hände.

Als er die Tüte vor Maxeiners Haustür abstellt, schnauft er. Er hat es doch geschafft!

Und was sagt da Frau Maxeiner? »Du liebe Güte, was bist du für ein starker, großer Junge geworden!«

»Wenn du wieder was zu tragen hast, Frau Maxeiner, kannst du mich ja rufen!«, sagt Ben. Und dann hüpft er fort. Jonathan macht ihm auf. Er freut sich total über den Traubenzucker. Eigentlich macht er ja Hausaufgaben. Aber jetzt liest er Ben erst einmal den Comic in der Küche vor.

Kurze Zeit später kommt Mama nach Hause. Sie schließt die Tür auf und Ben weiß sofort, dass es Mama ist. Weil nur Mama die Tür so aufschließt.

Er rennt so schnell zur Tür, dass seine Hausschuhe rauchen.

Draußen tritt Mama sich noch die Schuhe ab. Aber dann geht die Tür auf. Und schon hat Ben seine Arme um sie und die Einkaufstüte geschlungen.

»Na?«, fragt Mama. »Alles gut gegangen? Bist du ganz alleine nach Hause gekommen?«

Ben nickt. »Klar.«

Da stellt Mama die Tüte ab. Und dann nimmt sie Ben ganz fest in den Arm.

»Prima, mein Großer«, flüstert sie ihm ins Ohr.

Ist Häkeln eigentlich cool?

Leon schlurft.

Mama hasst es, wenn Leon schlurft, weil das die Sohlen von den Winterstiefeln abnutzt. Aber da ist sie schließlich selber schuld! Warum musste er die blöden Stiefel heute auch unbedingt anziehen? Wo es doch so warm ist, dass die Pfützen schon wieder auftauen.

Aber die Handschuhe, die sie ihm extra auf den Schulranzen gelegt hat, die hat er nicht angezogen. Genauso gut kann man schließlich die Hände in die Taschen seiner Jacke stopfen. Ja, vorausgesetzt, man vergisst seine Jacke nicht in der Schule.

Und sieh mal einer an: Hier, mitten in der rechten Jackentasche, steckt etwas, weswegen Leon jetzt grinsen muss. Fünfzig Cent nämlich.

Von Jonathan zurück. Hat er ihm gestern erst geliehen. Nein, wie praktisch!

Und ist es nicht auch unglaublich praktisch, dass Tante Nilgüns Kiosk, so lange man überhaupt denken kann, fast direkt vor der Schule steht? Man muss nur ein bisschen den Berg hinuntertrudeln. Leon legt einen Schlurfzahn zu. Da hinten

an der Kreuzung sieht er schon die bunten Schilder an der Straße stehen.

Uh, da … hinter der dunklen Scheibe … ist das nicht Mert?

Leons Herz klopft schneller. Mert ist nämlich sein Freund.

Manchmal hilft er Tante Nilgün. Wenn er nicht gerade in der Schule steckt und lernt.

Okay, Tante Nilgün ist auch seine Freundin, aber Mert ist sein *Freund*. Wenn du das verstehst.

»Hey, Alter«, sagt Mert, als Leon ihm die 50 Cent auf den Plastikteller knallt, der dort extra und nur für das Geld steht.

Und nicht etwa, damit man Kaugummipapier darauffitzelt.

Aber Mert sieht ihn gar nicht an, Mert fitzelt auch irgendetwas. Bloß unter der Theke, sodass Leon nicht sieht, was.

»Fünf Lakritzschnecken«, stellt Leon fest und wundert sich. Schließlich weiß seine ganze Klasse, dass Leon der Einzige auf der Welt ist, der Lakritz mag. Und Mert weiß das auch. Warum tut er jetzt nichts? Wo sind die Schnecken?

Er tut nichts, weil er eben fitzelt. Ohne Leon anzuschauen.

»Machst du da?«, fragt Leon schließlich.

Mert hält es kurz hoch: Es ist bunt und irgendwie rund und Mama hat es auch schon mal gemacht und es heißt … »Du strickst!«, ruft Leon.

»Nie im Leben!«, sagt Mert nur.

Schwierig. Leon rollt ein paar seiner Zehen in seinen Winterstiefeln auf. Sie sind schon ein bisschen feucht. Die Zehen. Die Winterstiefel übrigens auch.

»Ist das eine Mütze?«, fragt er dann vorsichtig. Könnte ja sein, oder?

»Klar, Alter. Oder sieht das aus wie ein Klodeckel?« Mert
hält das Runde, Bunte wieder hoch. »Guckst du hier«, sagt er
triumphierend und hält Leon einen ganzen Stapel von Mützen entgegen, immer noch, ohne ihn anzusehen.

»Hast du die alle selber gemacht?«

Jetzt sieht Mert ihn an. Endlich!

»Hast du gedacht, der Frosch, der in unserem Kiosk wohnt?«

Leon hüpft von einem Fuß auf den anderen.

»Und warum hast du so viele gemacht?«

»Für alle in der Familie«, stellt Mert fest.

»Für Weihnachten? Feierst du Weihnachten?«, fragt Leon.
»Weil: Mehmet aus meiner Klasse tut das nicht.« Und er muss
schlucken, weil Mehmet ihm immer so leidtut.

Mert legt den Kopf schief. »Ein bisschen«, sagt er. »Wir
feiern ein bisschen Weihnachten.«

»Strickst du gern?«, fragt Leon jetzt neugierig.

»Nie im Leben!«, versichert ihm Mert sehr ernsthaft. »Das
hier ist Häkeln!«

Aha. Leon atmet tief ein und beobachtet Mert. Er sieht
irgendwie … zufrieden aus.

»Ist das schwer?« Er überlegt … Er hat ja auch noch keine
Weihnachtsgeschenke, oder?

»So schwer wie pupsen.«

Leon knibbelt ein wenig an einem Comic herum. Normalerweise mag Mert das nicht, aber heute guckt er nicht mal
hoch.

»Jucken die?«, fragt Leon vorsichtshalber. Er kennt keine
Mützen, die nicht jucken.

Als Antwort stülpt Mert ihm einfach die Mütze über. In genau diesem Moment hat er sie nämlich fertig gehäkelt.

Und dann stülpt er sich auch eine Mütze über und die beiden Freunde grinsen sich an.

Leon spiegelt sich in der Scheibe. Voll cool.

»Machst du mir auch eine, Alter?«, fragt er und wirft Mert

einen Blick zu, der manchmal dazu führt, dass Mert ihm eine Lakritzschnecke schenkt.

»Bist du verrückt, Alter?«, fragt Mert zurück und pflückt Leon die Mütze wieder vom Kopf. »Was glaubst du, wie viele ich noch häkeln muss!«

Leon lässt den Kopf sinken. Tief innen drin weiß er genau, dass er sich nichts so sehr wünscht wie eine Mütze. Am liebsten sofort.

Mert seufzt. »Ich kann es dir beibringen.«

Leon überlegt. Und rechnet. Und sagt so lange nichts, dass Mert schon mal mit der nächsten Mütze anfängt.

Schließlich sieht er wieder hoch. »Voll cool«, sagt er. »Morgen oder so?«

»Klar. Komm morgen oder so vorbei«, murmelt Mert schwer beschäftigt. Er scheint gerade bei einer besonders vertrackten Stelle angekommen zu sein.

»'n Freund. Kannst du es auch einem Freund von mir beibringen?«, fragt Leon.

Tief und schwarz knüllen sich Merts Augenbrauen zusammen. Diese Stelle scheint noch vertrackter zu sein.

Leon stupst ihn an und Mert schreckt ein wenig hoch. Dann nickt er.

Bevor er die Nase wieder in seine Wolle steckt, fragt Leon schnell: »Lakritzschnecken?«

Mert legt sie ihm hin. Einfach so. Auf das Plastiktellerchen. Ohne Tüte.

Aber plötzlich greift er hinter sich. Und ehe Leon es sich versieht, hat er die Mütze von vorhin wieder auf dem Kopf.

»Weihnachtsgeschenk«, sagt Mert und grinst. »Okay?«

Leon strahlt. Seine eigene, obercoole Mütze.

»Bis morgen also!«, ruft er Mert noch zu, bevor er davonrast. Aber Mert ist schon wieder in seinem Kiosk verschwunden.

Jonathan hat heute Trompete. Aber danach geht Leon gleich zu ihm und zeigt ihm die Mütze. Und in der Klasse zeigt er morgen auch die Mütze herum.

Voll cool.

Bestimmt wird die halbe Klasse mit zu Mert zum Häkelunterricht kommen. Das wird lustig werden!

Das schönste Geschenk von allen

Schnee fällt in winzigen Flöckchen. Und es ist so still, als hielte die Nacht ihren Atem an, diese einzige heilige Nacht.

Kerzen knistern und wenn man durch die Straßen schleicht, durch diese jetzt so einsamen Straßen, dann hört man hier eine Blockflöte und dort eine Geige und um die Ecke einen ganzen Chor.

Gleich, gleich ist es so weit.

Paulina sitzt in der Küche. Sie passt auf die Teelichter auf, die in alten Marmeladengläsern hinter der kleinen Stadt aus schwarzer Pappe brennen. Oma und sie haben sie zusammen gebastelt und Transparentpapier hinter die Pappfenster geklebt. Jedes Fenster leuchtet in einer anderen Farbe und die Teelichter werfen zitternde Schatten an die Küchendecke.

Paulina sieht in die Nacht hinaus. Ihr Gesicht spiegelt sich in der Fensterscheibe. Schneeflöckchen schmelzen am Glas, es ist kalt da draußen.

»Paulchen«, flüstert Paulina. Und noch einmal: »Paulchen.«

Und nun läuft sie ihr doch die Nase hinunter: die Träne, die Paulina die ganze Zeit hinuntergeschluckt hatte.

Aber Oma und Tobi haben doch gesagt, dass Paulchen es

bestimmt irgendwo warm hat. »Katzen haben sieben Leben«, hat Oma gesagt. »Und sie sind schlau. Mach dir mal keine Sorgen um deinen Kater!«

Bestimmt muss Paulina sich keine Sorgen machen. Aber sie darf wohl an ihn denken, oder?

Und sich nach ihm sehnen. Auch wenn die Heilige Nacht begonnen hat und man eigentlich andere Sachen zu denken hat.

»Paulchen, ich wünsch dir zu Weihnachten, dass es dir ganz gut geht. Und dass du ein Döschen kriegst und es ganz warm hast«, flüstert Paulina. Und da fühlt sie sich ein bisschen besser.

Sie umklammert das Geschenk für Oma. Sie hat es mit Goldsternchen beklebt – mit allen ihren Goldsternchen, sodass es aussieht wie der Nachthimmel. Bestimmt gefällt es Oma.

Nur ist sie immer noch nicht zu Hause!

Dabei ist der Weihnachtsbaum doch schon geschmückt und Oma hat Heringssalat gemacht, wie sie den immer macht, weil sie doch aus dem Norden ist. Und der steht im Kühlschrank.

Der Heringssalat natürlich, nicht der Norden.

Und frische Brötchen haben sie schon heute Morgen gekauft, Oma und Paulina.

Aber trotzdem hat Oma gesagt, sie müsse dringend noch einmal weg. Und jetzt sitzt Paulina hier schon so lange und wartet, obwohl es doch schon knalldunkel ist draußen.

Aber jetzt, jetzt hört sie den Schlüssel im Schloss und bei-

nahe wäre sie zur Tür gerannt. Genau rechtzeitig fällt ihr ein, dass das ja nicht geht. Wo sie doch auf die Teelichter aufpassen muss!

Sie hört, wie ihre Oma sich langsam den Mantel auszieht und die Winterstiefel. Sie stöhnt dabei immer ein bisschen, weil sie nicht mehr so gut an ihre Füße herankommt. Aber Paulina kann ihr ja nicht helfen!

Jetzt kommt sie in ihren karierten Hausschuhen von Opa in die Küche geschlurft. Schnell legt Paulina sich über ihr Sternenpaket. Oma soll es noch nicht sehen.

Eine Sekunde lang sieht ihre Oma sehr müde aus, doch dann räuspert sie sich und lächelt Paulina an.

»Na, mein Schätzchen? Sollen wir loslegen?«

»So wie immer!«, fordert Paulina und ihre Oma lacht und will auf den Knopf vom Radio drücken, sodass die Weihnachtslieder nur so durch die Küche schallen, wie sie es immer macht. Denn jetzt hat Weihnachten begonnen!

Aber da hält Paulina ihre Hand fest. Sie möchte in die Heilige Nacht hineinlauschen. Vielleicht, vielleicht …

Das darf sie und ihre Oma verschwindet im Wohnzimmer, um dort genauso geheimnisvoll herumzurumoren wie letztes Weihnachten. Die Küchenuhr schlägt, kleine, helle Töne.

Und die Töne verklingen in der stillen Luft und es ist, als würde die Luft selber singen und da hört Paulina etwas.

Wirklich – die Luft singt. Und die Wohnungstür klappert. Etwas stößt dagegen.

Der Weihnachtsmann! Paulina wird kalt und heiß vor lauter Schreck und Erwartung.

Im Wohnzimmer rumpelt es noch immer und ihre Oma pfeift, nämlich »Stille Nacht, heilige Nacht«.

Nun rattert die Tür wieder und jetzt hält Paulina es nicht mehr aus. Sie schleicht durch den Flur und hält den Atem an und ihr Herz macht Sprünge vor lauter Aufregung.

Ob sie es sehen wird? Das Christkind? Wirklich sie, Paulina?

Jetzt ist sie an der Tür. Hauchleise holt sie sich den Hocker heran, den vom Telefontischchen, und schiebt ihn unter den Türspion, hauchleise … aber da hört sie etwas …

Der Hocker fällt um, dass es nur so knallt. Paulina reißt die Tür auf und da … da steht er mit seinen meergrünen Augen und sieht zu ihr hinauf.

Er ist mager, sooo mager und sein Fell ist nass und schon hat Paulina ihn hochgehoben. Sie drückt ihr Gesicht in sein Fell und sagt gar nichts, denn sie kann nicht sprechen, nicht ein einziges Wort.

Feine Flöckchen treiben in den Flur und lassen sich auf dem umgestürzten Hocker nieder.

»Sag mal, Kind, was …«, fängt Oma an, die in den Flur gestürzt kommt. Aber da sieht sie und begreift.

Ganz nah steht sie bei Paulina und legt ihrer Enkelin den Arm um die Schulter und krault einen sehr nassen Kater am Kopf. »Alter Racker«, murmelt sie. »Wie lange ich dich in der Stadt gesucht habe, weißt du …«

»Oh, Oma«, haucht Paulina. »Das ist das tollste und tollste und tollste Weihnachtsgeschenk auf der ganzen Welt.«

Da nimmt Oma die beiden fest in den Arm. »Und nun woll-

te ich dir Paulchen zu Weihnachten schenken und habe ihn überall gesucht, weißt du? Aber Paulchen wollte sich eben selber schenken.«

Sie wuschelt ihrer Enkelin über das Haar. »Wie gut, dass du all das Katzenfutter gekauft hast, nicht?«

Draußen zieht die Heilige Nacht vorüber, klar und groß.

Hier drinnen aber feiern eine alte Frau, ein kleines Mädchen und ein Kater die schönsten Weihnachten ihres Lebens.

Achtung, hier kommt Maja!

Achtung, Leute, hier kommt Maja, denn sie ist wieder gesund, dass es nur so knallt! Maja – die beste Turnerin der Schule! Maja, die die ganze Hangelanlage auf dem Schulhof runterhangelt und gleich wieder rauf. Und das, bevor irgendein Junge auch nur »Haps« sagen kann!

Hurra – und hier rennt sie quer über den Marktplatz mit ihrem grauen Hut. Bestimmt will sie beim Bäcker neben der Kirche Brot kaufen, denn heute ist ja kein Markt.

Heute ist nur – Pfütze.

Ja, Pfütze. Denn das ist der Moment, in dem Maja die Eispfütze bemerkt. Die beste Schlitterpfütze der ganzen Stadt. Und noch niemand ist auf die Idee gekommen, sie mit dem Stiefel zu zerhacken. Oder etwas ähnlich Dummes mit ihr anzustellen. Hurra – und hier fliegt Maja über die Pfütze. Sollte sie noch Brot kaufen wollen, dann kann das Brot jetzt wohl einpacken. Es sieht nämlich

nicht so aus, als wolle Maja die Pfütze in nächster Zeit wieder verlassen.

Doch nach ungefähr hunderteinundfünfzig Pfützenrutschungen sieht sie sich nach etwas anderem um, was man so machen könnte.

Und da fällt ihr Blick auf einen Mann am Rande des Marktplatzes. Er sitzt dort in seinem grauen Mantel und seinem grünen Schal und mit seinen hellblauen Puschel-Ohrschützern. Er blinzelt in die Sonne und hat einen Block auf den Knien und einen Stift in der Hand.

Das ist Oskar Janson, der größte Dichter des ganzen Beerenviertels. Und Maja ist die Einzige auf der ganzen Welt, die ihm beim Dichten helfen darf.

Und genau das wird sie jetzt tun.

Wenn es auch ungewöhnlich ist, dass Oskar dort sitzt. Denn heute ist kein Markt und Oskar Janson verkauft seine Gedichte nur an Markttagen. Manchmal spielt er auch dazu, auf seiner alten Blockflöte, und singt sie mit seiner schönen, dunklen Stimme über den ganzen Markt.

Wenn er Lust hat.

»Oskar Janson!«, schreit Maja. »Was tust du denn heute hier?« Und dann rennt sie so schnell hinüber, dass man denken könnte, ein Schatten habe sich von seinem Menschen losgerissen und flöge jetzt durch die Luft.

»Ich arbeite hier«, stellt Oskar Janson jetzt fest und sein grauer Bart lächelt. Zusammen mit seinen grauen Augen.

Maja findet, Oskar Janson hat die liebsten Augen vom ganzen Beerenviertel.

Sie zieht eine Schnute. »Du warst aber mindestens fünf oder sechs oder sieben Wochen nicht mehr hier. Ich hab dich so gesucht!« Im Sommer wohnt Oskar Janson im Park in einem kleinen Zelt. Aber so ein Zelt ist im Winter zu kalt, das weiß Maja auch.

Da muss Oskar Janson wieder lächeln. »Nein, sieh mal, mein Engelchen: Nun schlafe ich in der Stadt. Und da musste ich erst einmal einen Schlafplatz finden«, seufzt er.

»Oskar Janson, du stinkst aber auch«, sagt Maja überrascht und rümpft ihre Nase.

»Nun ja«, sagt Oskar Janson und zuckt die Schultern. »Es ist Winter und die Waschmaschine ist in der Stadt. Und die Dusche im Übrigen auch«, fügt er hinzu und kratzt sich am Nacken.

»Aber im letzten Winter hast du nicht gestunken«, sagt Maja vorwurfsvoll.

Oskar wiegt seinen dicken Kopf hin und her. »Nein, mein Engelchen, da habe ich hier beim Herrn Pfarrer geschlafen. Im Gästezimmer. Und der hat eine Waschmaschine. Und eine Dusche.«

Jetzt hebt Maja ihre Augenbrauen. »Aber es ist doch wieder mitten im Winter. Die Pfützen sind ganz gefroren, merkst du das denn nicht?«

Oskar reibt sich die Hüfte. »Doch, das haben die Pfützen mir heute Morgen schon begreiflich gemacht«, brummt er.

»Willst du denn nicht wieder beim Pfarrer wohnen?«

Oskar sieht sie nur an.

»Soll ich fragen, wenn du dich nicht traust?«, fragt Maja.

Da fängt Oskar an zu jammern. »Ich kann aber doch nicht so ein kleines Mädchen vorschicken … und wenn der Herr Pfarrer …«

Aber da hat er nicht mit Maja gerechnet. Denn Maja ist schon längst los-gerannt, Oskar sieht sie gera-de beim Pfarrhaus um die Ecke biegen.

»Wie konnte ich es nur ver-säumen, dich zu fragen?«, fragt der Pfarrer, als Oskar wenig später vor ihm steht, mit Maja an der Hand. Und er macht ein sehr zerknirschtes Gesicht.

»Och, der Herr Pfarrer hat ja viel zu tun. So vor Weihnachten«, sagt Oskar. Der Pfarrer seufzt. Und es ist ein abgrundtiefer Seufzer, der zeigt, wie unzufrieden er mit sich ist.

»Jetzt kannst du auf jeden Fall wieder besser Gedichte schrei-ben«, stellt Maja fest. »Weil es hier ja warm ist und du deine Finger wieder bewegen kannst.«

»Na, aber nicht ohne dich, mein Engelchen«, sagt Oskar

und grinst so breit, dass man jetzt auch seinem goldenen Backenzahn »Guten Tag« sagen kann.

»Da muss ich dich wohl besuchen kommen«, sagt Maja. »Wir müssen dringend ein paar neue Weihnachtsgedichte machen für den Weihnachtsmarkt!«

»Das müssen wir!«, bekräftigt Oskar. »Und sieh mal, was ich gefunden habe!« Und er zieht eine verbeulte Mundharmonika aus der Tasche und zeigt sie Maja. Da tut der Pfarrer wieder so einen abgrundtiefen Seufzer, dass Maja und Oskar sich nach ihm umsehen. Aber er hat wohl nur an seine Arbeit gedacht, denn er murmelt etwas vor sich hin.

Und nun ist alles gut, das weiß Maja. Das Letzte, was sie von Oskar Janson sieht, ist, wie er sein Bündel in das Gästezimmer des Pfarrers schleppt.

Denn nun muss sie rennen, süße Brötchen und Schwarzbrot kaufen.

Ein Luftzug – und die Eingangshalle des Pfarrhauses ist wieder leer. Und döst friedlich in der Wintersonne.

Aber nicht mehr lange. Nein, sie kann sich schon einmal auf eine Menge Leben einrichten. Denn dort, wo Maja und Oskar Janson dichten, da wird es nie langweilig.

Schneemonster

Heute ist Ben bei Leni zu Besuch. Und weil Lenis Mama an diesem Tag nicht arbeiten muss, hat sie die beiden schon nach dem Mittagessen abgeholt.

Die Sonne glitzert auf all dem Schnee, als sie in den Garten rennen.

Lotta ist noch nicht zu Hause und Max und Jakob auch nicht. Sie sind also die Ersten im Garten!

Und da müssen sie mindestens fünf Schnee-Engel machen und den frischen Schnee vom Apfelbaum und vom Schuppen probieren. Ben behauptet, er schmeckt überall gleich. Dabei findet Leni, dass der vom Apfelbaum ein ganz kleines bisschen nach Apfel schmeckt. Sie holt eine Kugel Schnee von den Johannisbeerbüschen. Und da sagt sogar Ben: »Der schmeckt nach Johannisbeermarmelade. Bloß nicht so süß.« Ben backt einen Schneekuchen aus lauter verschiedenen Sorten Schnee und sie tun so, als schmecke er nach Marmorkuchen.

Aber jetzt will Leni einen Schneemann bauen – den allerersten im Garten und Ben soll ihr helfen!

Sooo gut klebt der Schnee noch nicht und die Kugel bricht

immer auseinander und da schaufeln sie ihn mit den Händen zusammen. Mama muss auch noch helfen, damit der Schneemann groß wird und nicht so mini.

Und dann holt Mama ein altes Sieb, weil sie keinen Topf hat, und eine Möhre. Ben will, dass der Schneemann einen Pimmel hat – typisch! Aber Leni will nicht, dass der Schneemann ein Junge oder ein Mädchen ist – bloß ein Schnee… öh. Ein Schnee… – was denn bloß?

Und da sagt Ben, dass er ein Troll sein soll.

Ein Troll hat strubbelige Haare aus Zweigen und einen dicken Bauch aus Sieb. Und Ohren aus Handschuhen.

Da kommt Lotta in den Garten gestürzt, die Schule ist wohl zu Ende. »Hihi, der ist ja lustig!«, sagt sie zu dem Schneemann, dass Leni vor Stolz nur so glüht. »Das ist ein Troll!«, informiert sie Lotta.

Und nun legt Lotta los. Natürlich wird ihrer auch ein Troll – und er hat die größten, gruseligsten Augen, die man sich nur vorstellen kann. Mama hat ihr dafür zwei von ihren Riesenkartoffeln gegeben und Lotta hat mit Filzstift Pupillen daraufgemalt.

Jakob und Max kommen in den Garten.

Erst muss Max Jakob eine Runde mit Schnee einseifen. Einfach so und weil man das in der Schule nicht darf. Aber dann bauen sie auch Schneemänner – genug Schnee ist ja da.

Nein, keine Schnee-Männer, sondern Schnee… öh. Ääähhhm …

Jakob sagt, dass seiner ein Schnee-Ork ist und Max sagt, dann sei seiner ein grässlicher Grusel-Grizzly.

Da bauen Leni und Ben auch noch einen und das ist das Grusel-Grizzly-Kind.

Und schließlich rollen sie alle zusammen noch einen Schnee-riesen und Max holt die Gartenleiter, um ihm den Kopf auf-zusetzen. Der Schneeriese bekommt ein sehr freundliches Gesicht, wenn er auch die größte Nase hat, die man sich nur denken kann – nämlich Lenis kleinen Buddeleimer.

Wie früh es im Winter dunkel wird! Ehe man es sich versieht, gibt es Kakao in der Küche und Ben wird abgeholt, da hilft es auch nichts, dass er überhaupt nicht will und viel lieber bei Leni schlafen will.

Aber es ist ja unter der Woche – und unter der Woche kann man nicht bei einem Freund schlafen, das weiß Leni auch.

Und so liegt sie nun in ihrem kleinen weißen Bett, das eigentlich schon viel zu klein ist. Aber Mama kommt ja einfach nicht auf die Idee, Leni mal ein neues zu kaufen.

Papa kommt auch einfach nicht auf die Idee, endlich zum Vorlesen hinaufzukommen. Aber das liegt daran, sagt Mama, die gerade zum Vorlesen die Treppe hinaufkommt, dass Papa heute auf der Arbeit Weihnachtsfeier hat.

Uh, wie ist Leni müde. Sie ist so müde, dass …

Und bevor sie den Satz zu Ende denken kann, ist sie auch schon eingeschlafen.

Ein so schrecklicher Schrei erschüttert das ganze alte Haus, dass Schnee vom Kletterapfelbaum plumpst, Toto sich mit den Pfoten die Ohren zuhält und Leni aufrecht im Bett sitzt.

Sie hört, wie Lotta nebenan stöhnt: »Dass man in diesem Haus auch niemals schlafen kann.«

Aber dann steht Lotta doch neben Leni auf der Treppe, denn dieser Schrei kam von Papa.

Als sie unten ankommen, hat sich schon die ganze Familie dort versammelt. Das Licht in der Küche ist angeknipst und da steht Papa, hat eine Sprudelwasserflasche in der Hand und grinst schief.

»Was'n los, Papa?«, fragt Max gähnend. »Hast du ein Monster gesehen?«

Papa schüttelt den Kopf. »Nein, mein Sohn, ich habe *nicht* ein Monster gesehen.«

»Warum schreist du dann so?«, will jetzt auch Leni wissen.

»Weil«, sagt Papa, »ich nicht *ein* Monster gesehen habe, sondern einen ganzen Haufen!«

Und er zeigt anklagend nach draußen in den Garten, von dem aus eine ganze Herde von finsteren Schneetrollen und -orks in die Küche starrt.

Max schüttelt den Kopf, Jakob stöhnt und Leni fängt an zu kichern. »Aber die sind doch bloß aus Schnee, Papa!«, sagt sie.

Ihr Vater sieht sie an. »Ja, denk mal, Lenilein, das habe ich dann auch gesehen, als ich das Licht angeknipst habe«, sagt er. »Aber da hatte ich schon geschrien, weißt du.«

Das Märchen vom Glühwürmchen und den Feuerwanzen

Destinys Mama gießt heute Kerzen aus alten Wachsresten. Und Maja und Destiny schauen zu.

Immer Maja und Destiny. Das ist so ungerecht!

John muss vom Küchentisch aus zusehen, weil er nicht so nah an den Herd darf. Weil es zu gefährlich ist.

Außerdem behauptet Destiny immer, dass er sie schubst. Dabei ist das gar nicht wahr – er möchte doch bloß auch was sehen!

»John, du darfst gleich eine Kerze anzünden«, sagt Mama da.

»Zwei«, sagt John schnell.

Mama grinst. »Na gut, ausnahmsweise.«

Das ist zwar immer noch ungerecht, aber andererseits … John hat noch nie selbst eine Kerze angezündet. Er ist der Auspuster in der Familie, aber jetzt darf er auch der Anzünder sein.

Destiny darf sogar selber eine Kerze gießen! Doch bevor John protestieren kann, stellt Mama ein Tablett mit Backfor-

men, in denen noch warmes Wachs und ein kleiner Docht schwimmt, vor ihn auf den Küchentisch. John soll aufpassen und Bescheid sagen, wenn sie hart sind.

»Jetzt«, sagt John. Mama tippt vorsichtig auf die Kerzen. Blaues Wachs bleibt an ihrem Zeigefinger zurück und das zeigt sie John. »Hart, habe ich gesagt«, sagt sie.

Aber jetzt, jetzt sind sie wirklich hart. John hat es selber ausprobiert.

Alle versammeln sich um den Küchentisch. John darf sich zwei von den ganz neuen Backform-Teelichtern aussuchen. Die schönsten von allen: einen blauen Stern und einen roten Weihnachtsmann. Und Mama legt die Schachtel mit den ganz langen Streichhölzern vor ihn.

Und da …

Aber warum nimmt John denn das Streichholz nicht? Er hat es sich doch die ganze Zeit gewünscht.

John beißt sich auf die Unterlippe. Sie zittert. Und plötzlich tropft eine Träne genau auf die Streichholzschachtel. Die anderen sehen sich ratlos an.

»Du, John«, sagt Maja da.

John schluchzt ein bisschen. »Du, John«, fängt Maja wieder an. »Kennst du eigentlich das Märchen mit … mit …?«

Sie schaut Destiny an. »Mit der Feuerwanze?«, fragt Destiny.

John schüttelt den Kopf.

»Sollen wir es dir erzählen?«, fragt Maja.

67

Kein Ton von John und da fängt Maja einfach an.

»Vor langer, langer, langer Zeit, also so in der Steinzeit, gab es mal einen Jungen. Seine Mama hatte ihm gesagt, er sollte jetzt mal Feuer anzünden in der Höhle, denn es war sooo kalt. Oben in der Höhle war ein Loch, wie bei einem Indianerzelt, weißt du? Und darunter hatte die Mama schon das ganze Holz und das Zeitungspapier aufgeschichtet.«

»Zeitungspapier gab es aber in der Steinzeit noch nicht«, sagt Destiny.

»Okay, dann hatte sie da eben nur Holz gestapelt. Und trockenes Gras und so. Und dann ging die Mama einkaufen und der Junge starrte auf das Holz und fing an zu weinen. Denn er wusste doch gar nicht, wie man Feuer macht.«

John sieht hoch. Und Maja fährt fort: »Was sollte er jetzt bloß machen?« Sie beißt sich auf die Unterlippe. Und niemand in der Küche weiß, was der arme Junge jetzt wohl machen kann.

Doch da sagt Destiny: »Plötzlich sah er etwas in der dunklen Höhle. In der Steinzeit gab es ja noch kein elektrisches Licht, weißt du?«

John nickt.

»Kannst du dir wohl denken, was er sah?«

John schüttelt den Kopf. Destiny schaut zu Maja hinüber. Und die flüstert: »Er sah ein kleines Lichtlein. Das schwirrte so durch die Höhle. Ein kleines Lichtlein, so wie ein winziger Stern.«

»Was war das?«, fragt John.

»Ja«, sagt Maja, »das wusste der Junge zuerst auch nicht.

Aber dann kam es ganz nah herangeflogen. Und es konnte sprechen und fragte: ›Warum bist du denn so traurig?‹ Und da sah der Junge, dass es ein ganz kleiner, leuchtender Käfer war. Da erzählte er dem Käfer, dass er Feuer machen sollte, aber gar nicht wusste, wie.

›Das ist doch ganz einfach‹, sagte der Käfer da. ›Setz mich vorne auf ein Stöckchen und bring mich zu dem Holz da.‹

›Und was passiert dann?‹, fragte der Junge.

›Dann rufe ich meine Freunde‹, antwortete der kleine Käfer.

Also hat der Junge das gemacht. Und als er das Stöckchen mit dem Käfer darauf ganz nah an den Holzhaufen hielt, da

murmelte der Käfer ganz merkwürdige Wörter. Und plötzlich kamen von überallher so kleine rote, andere Käfer gekrochen.

Der Junge fragte ganz erschrocken: ›Was ist das denn?‹

Und der Käfer: ›Das sind meine Freunde, die Feuerwanzen.‹ Und alle roten Käfer krabbelten in den Holzhaufen und plötzlich flackerte ein Feuer auf.

Da schaute der Junge auf den leuchtenden Käfer und sah, dass er gar nicht mehr leuchtete. Und außerdem gerade wegfliegen wollte.

›Danke‹, sagte der Junge. Und: ›Seh ich dich noch mal wieder?‹

›Klar‹, sagte der Käfer. ›Denn ich bin das Glühwürmchen. Wenn das Feuer runtergebrannt ist, siehst du mich wieder. Du musst bloß in die Glut schauen.‹‹

John packt das lange Streichholz, das Destiny ihm hinhält. Er nimmt die große Schachtel fest in die Hand. Er holt Luft.

Ob der rote Punkt vorne dran die Feuerwanze ist?

Tzschsch.

Das Streichholz brennt mit einer kleinen, freundlichen Flamme. Als ob eine Feuerwanze ihm zuwinke.

John hält das Streichholz an den Docht. Und schwups – schon brennt die Kerze. John pustet das Streichholz aus.

Geschafft!

Der Schwimmbadkater

Paulina rutscht so leicht aus. Sie weiß bloß nicht, warum.

Ihre Oma sagt immer zu ihr: »Pass auf, dass du nicht ausrutschst, Paulina.«

Und das tut sie auch, aufpassen. Aber nun ist es wieder passiert – direkt vor der Schwimmhalle. Denn heute hat ihre Klasse Schwimmen. Ein ganzer Haufen Schulkinder rennt im vollen Galopp das letzte Stück zum Eingang hinüber, da kann Frau Sand brüllen, wie sie will.

Frau Sand ist die Klassenlehrerin. Sie hilft Paulina auf und tröstet sie und klopft sie ab und Paulina weint auch gar nicht. Aber tief innen ist sie traurig. Nun wird sie schon wieder die Letzte im Wasser sein.

Die Luft ist so warm im Bad, dass Paulina sich sofort ihre Jacke ausziehen möchte. Die anderen stehen schon vor dem Drehkreuz und lachen und schwatzen. Paulina aber steht unter der Pflanze mit den Gummiblättern und pult sich aus ihrer Winterjacke heraus. Denn ohne die erkältet man sich leicht, hat ihre Oma ihr einmal erklärt.

Der Gummibaum schnarcht.

Paulina zieht ihre Augenbrauen zusammen. Sie schaut nach oben. Aber da schnarcht der Baum nicht. Das tut er eher unten.

Es dauert eine Weile, bis sie ihn entdeckt – denn der Gummibaum wächst in einem großen Kübel voller kleiner Kugeln. Und in diesen Kugeln wachsen noch eine Reihe weiterer Pflanzen, deswegen kann man sich dort gut verstecken.

Wenn man ein Kater ist.

Paulina geht in die Hocke. Nein, das ist doch wohl nicht möglich …

Er ist schwarz, schwarz wie ein Stück frischer Teer. Und er schläft einfach weiter, auch wenn Paulina jetzt ihren Zeigefinger über seinen dicken Kopf wandern lässt.

Doch plötzlich zittert seine Schwanzspitze und er streckt sich.

Seine Augen sind groß und hellgrün wie zwei Sommerseen.

»Hallo«, murmelt Paulina. »Gehst du auch schwimmen? Hast du einen Badeanzug und eine Mütze für danach mit?«

Dieser Kater kann lächeln. Und er lächelt nur Paulina an in dieser warmen, grünen Höhle, in der sie beide stecken, und es fühlt sich an, als seien sie die Einzigen auf der ganzen Welt.

»Paulina?«

Kann man etwas hören, wenn einem so heiß ist vor lauter Glück?

Aber man kann eine Hand auf der Schulter fühlen.

»Was machst du denn da? Die anderen sind alle schon im Schwimmbad!«

Paulina springt schnell auf. Ihr Gesicht wird heiß.

Einen blitzkleinen Blick wirft sie zurück – auf zwei schläfrige Kateraugen. Bleib da, kleiner großer Kater. Warte auf Paulina, sie muss bloß eben schwimmen gehen!

Schnell rennt Paulina zur Schranke hinüber. Niemand soll ihn sehen, nicht einmal Frau Sand. Er ist ihr geheimstes Geheimnis. Und schwitzend drückt sich Paulina durch die

Schranke, bevor Frau Sand etwa nachsehen könnte, warum Paulina so lange mit dem Gummibaum geredet hat.

Als Paulina wieder in die Vorhalle kommt, sieht sie es gleich: Die anderen drängen sich alle um den Gummibaum.

»Oh, wie süß!«, quietscht Lotta entzückt und »Wie kommt der denn hierher?«, fragt Jonathan.

Paulinas Herz wird schwer. Nun gehört er allen, ihr kleiner Kater.

Sie bleibt am Rand des Kinderhaufens stehen, ganz leise.

Hier aber kommt ein Berg angeschwankt – ein Berg mit langen, weißen Haaren und weißen Bademeisterklamotten. Das ist Tobi, der größte und freundlichste Bademeister auf der ganzen Welt.

»Nun lasst mal dem Kater etwas Luft«, schimpft er, während er die Kindermenge mit seinen großen Händen auseinanderteilt.

Und dann beantwortet er die Fragen der Klasse, als ob er ein Reporter im Fernsehen sei. Er hält sich sogar ein unsichtbares Mikrofon vor den Mund.

»Letzte Woche ist er zu uns gekommen, ja. Und einfach nicht mehr weggegangen – dem ist bestimmt zu kalt draußen und hier ist es ja so schön kuschelig warm. Seither füttern wir ihn alle. Meistens schläft er unter der Gummipalme, aber manchmal kommt er auch zu uns ins Bademeisterzimmer. Nein, er kann nicht schwimmen. Denke ich. Zumindest hat er es bisher nicht versucht.«

»Kinder, wir müssen los«, drängt Frau Sand, aber Lotta hat

noch eine allerallerletzte Frage: »Hat er auch schon einen Namen?«

Tobi nickt. »Wir haben ihn Paulchen genannt«, sagt er.

Heiß überläuft es Paulina. Paulchen und Paulina!

Ihr Herz hüpft die ganze Zeit, während sie zum Ausgang gehen und dann durch die kalte Luft zur Schule.

Morgen wird sie von ihrem Taschengeld Döschen mit Katzenfutter kaufen gehen.

Für Paulchen. Ihren ganz eigenen geheimen Kater.

Ein Nikolaus mit Pfefferminzgeruch

Papa stellt doch tatsächlich auch einen Stiefel raus. Und zwar Mamas Reitstiefel.

»Mama hat gesagt, Nikolaus ist nur für Kinder«, teilt Jonathan ihm mit. »Also kriegst du nichts mehr.«

»Wieso?«, fragt Papa. »Er kommt doch wegen euch sowieso vorbei. Und dann *kann* es ja sein, dass er dort steht und sich am Kopf kratzt und sich fragt, wem wohl dieser Reitstiefel gehört. Und weil Mama so kleine Füße hat, könnte er ja denken, dass hier noch ein Kind wohnt. Und dann bekomme ich auch etwas.« Er grinst und fügt hinzu: »Ganz aus Versehen.«

»In einen Reitstiefel? Ja, klar: Möhren«, sagt Jonathan.

»Jonathan hat gesagt, den Nikolaus gibt es gar nicht«, flüstert Ben da. Und sofort kommen ihm die Tränen.

»Was? Natürlich gibt's den Nikolaus«, sagt Papa empört und wirft Jonathan einen langen Blick zu.

Und da marschiert Jonathan in den Keller und holt Papas alten Gummistiefel. »Sonst ist es nicht gerecht«, sagt er.

»Wenn du etwas bekommst und Mama nicht.«

Papa lacht. »Aber der Nikolaus sieht doch, dass dieser Stiefel einem Großen gehört.«

Jonathan zuckt die Schultern. »Wir können ja mit Filzstift: ›Dieser Gummistiefel gehört einem Kind‹ draufschreiben.«

Aber das tun sie dann doch nicht.

Nun stehen alle Stiefel draußen. Mama hat gesagt, der Nikolaus würde auch gelegentlich Erwachsene bescheren und diese Menschen dürften ihre Stiefel auch ruhig hinausstellen. Ja, vorausgesetzt, die Stiefel seien nicht so groß wie ein mittlerer Kleiderschrank.

Es ist tiefe, tiefe Nacht. Ben zieht die Beine an den Bauch und kann einfach nicht einschlafen.

Schließlich steht er auf und tapst zum Klo.

Die sternenglitzernde Nacht sieht durch das Flurfenster herein und Ben hält den Atem an.

Ob er einmal … nur durch den Briefschlitz …

Schon kniet er vor dem Briefschlitz und sieht seinen Atem in der Kälte dampfen.

Und da … Bens Herz fängt an zu hämmern … da kommt tatsächlich jemand die Straße entlanggeknirscht, mitten in der Nacht!

Merkwürdig … er hat gar keinen roten Mantel an, sondern so einen dunklen, aus Wolle. Und nun kommt er herüber, *direkt auf ihr Haus zu!*

Und … und sieht ein wenig aus wie … Herr Maxeiner … Ob es Herr Maxeiner ist? Aber vielleicht hat sich der Nikolaus dort oben im Himmel ja nur verkleidet? Vielleicht läuft er hier auf der Erde herum und sieht aus wie Herr Maxeiner, damit ihn niemand erkennt.

Ben hält den Atem an. Der Atem des verkleideten Nikolaus dort draußen aber steht weiß und geisterhaft in der Luft.

Nun – Bens Herz klopft einen Trommelwirbel – steht der Nikolaus tatsächlich auf ihrer Türmatte. Der Mantel kratzt am Briefkastenschlitz entlang.

Was macht er denn jetzt?

Vorsichtig, ganz vorsichtig hebt Ben die Klappe des Briefschlitzes etwas weiter an. Es riecht nach Pfeifenrauch und Pfefferminz. Und Ben kennt genau einen Menschen, der so riecht. Aber es kann natürlich sein, dass der Nikolaus auch den *Geruch* von Herrn Maxeiner geklaut hat.

Er holt etwas aus dem Mantel heraus! Und es ist – es sind: lauter kleine Nikolausstiefel aus rotem Plastik!

Dann bückt der Nikolaus sich. Sein Kopf ist beinahe so hoch wie der Briefschlitz und plötzlich – oh, jetzt wird Bens Herz wohl stehen bleiben!

Ben und der Nikolaus sehen sich an. Durch den Schlitz stoßen ihre Nasenspitzen beinahe aneinander.

Und da grinst er, der Mann dort draußen in der Kälte. Und er legt langsam, langsam seinen Finger auf die Lippen.

Ben nickt. Er wagt kaum, zu atmen.

Da dreht Herr Maxeiner sich um und knirscht durch das dünne Eis der Pfützen über die Straße wie ein dunkles, liebevolles Gespenst. Nun kann Ben ihn nicht mehr sehen.

Zitternd steht er auf. Die Fliesen im Flur sind so kalt unter seinen nackten Füßen.

Wenig später schlüpft er wieder unter seine warme Decke. Dann starrt er in die freundliche Dunkelheit seines Zimmers mit den Sternen am Kleiderschrank, die nur im Dunkeln leuchten.

Soll er morgen sagen, dass er den Nikolaus gesehen hat?

Und wer der Nikolaus wirklich ist?

Eine winzige Träne kullert seine Wange hinunter und gleich noch eine zweite hinterher.

Jonathan hat also doch recht gehabt – es gibt überhaupt keinen Nikolaus.

»Nikolaus!«

Bens Augen sind noch ganz verklebt vom Schlaf. Das klingt

nach Mama. Am Nikolaustag steht sie immer als Erste an der Tür und ist aufgeregter als ihre Kinder.

Das Haus ist noch dunkel, nur das Licht in der Küche brennt bereits und es riecht auch schon nach Kaffee.

Ben flitzt zu den anderen hinüber. Hier stehen sie und warten auf ihn, denn immer ist es Ben, der die Tür aufmachen darf.

Ben beißt sich auf die Unterlippe. Aber dann reißt er die Tür auf und …

Oh … sie sind alle gefüllt … seine Stiefel … und auch Mamas Reitstiefel und sogar … sogar in Papas altem Gummistiefel steckt ein Zweig und ein Schoko-Nikolaus lächelt über den Rand.

Ben strahlt. Natürlich gibt es den Nikolaus, er hat es doch gewusst!

Neben jedem Stiefel aber steht … ein kleiner roter Plastik-Nikolausstiefel. Als hätten ihre Gummi- und Winterstiefel nachts lauter Babys bekommen.

Mama starrt.

Papa starrt.

»Wer hat die denn dahin gestellt?«, fragt Jonathan.

Ben sieht sie alle an.

Er grinst.

»Der Nikolaus natürlich«, sagt er und schnappt sich seine beiden Stiefel.

Kerzenschiffe und Wunschzettel

Hier trabt Jonathan jetzt den Brombeerweg entlang. Zum Basteln. Mit einem Mädchen. Oh Mann.

Andererseits ist es ja Maja, das Mädchen. Und das ist ein bisschen etwas anderes. Weil: Maja ist nicht so ein Mädchenmädchen, sondern eben – Maja.

Vor Majas Haustür hängt ein ziemlich schiefer Adventskranz mit lauter Feuerwehr-Playmobil-Männchen drin.

Jonathan wundert sich ein bisschen. Er bleibt vor der Haustür stehen. Rechts ist die Klingel.

Es ist kalt.

Unter dem Dach für das Auto steht jetzt auch noch Majas Rad.

Die Reifen sind platt.

Es ist immer noch kalt.

Die Klingel klingelt nicht von alleine.

Trotzdem klingelt Jonathan nicht. Er weiß auch nicht genau, warum.

Doch da reißt jemand die Tür auf und ruft: »Hallo, hallo, komm rein! Aber zieh dir die Schuhe aus, sonst schimpft Mama. Ich hab schon mal angefangen!«

Maja hüpft auf der Fußmatte auf und ab und erzählt ihm, dass sie ihm noch eine Käseschachtel übrig gelassen hat.

Außerdem findet sie die zweite Bastelschere nicht und deshalb muss Jonathan die Küchenschere benutzen.

Jonathan zieht sich erst mal die Schuhe aus.

Wie groß die Schiffe wohl sein werden? Die, die Maja mit ihm basteln will?

Aber das erfährt er schnell. In Majas Küche. Sie wollen nämlich Kerzenschiffe basteln. Aus alten Käseschachteln und Holzstücken und Korken und so.

Und wenn es dunkel ist, dann wollen sie sie schwimmen lassen, sagt Maja. Im dunklen Wald an Jette-Babettes Teich.

Jonathan klebt sich sofort fast die Finger mit Sekundenkleber zusammen. Auf seinem Schiffchen fahren seine Freunde mit. Er malt ihnen allen ein Lachen auf ihre Korkengesichter und der Maja-Korken kriegt einen Hut aus einem Kronkorken und etwas Pappe.

Auf Majas Schiffchen fährt der Weihnachtsmann mit. Den hat sie auch aus einem Korken und etwas rotem Samt gebastelt.

Majas Mama macht extra für die Bastler Bratäpfel. Jonathan und Maja dürfen sich aussuchen, was in die Äpfel hineinsoll. Jonathan möchte Nüsse und Honig, aber keine Rosinen. Und Maja möchte Rosinen und Brausepulver. Und Gummiteddys. »Das schmeckt nicht«, sagt Majas Mama und lacht, aber Maja darf es trotzdem ausprobieren.

Es stimmt, dass es nicht schmeckt, aber jetzt wissen sie es wenigstens genau. Jedenfalls teilen sie sich schließlich Jonathans Apfel.

»Waf wümpft du dir fu Weihnachten?«, fragt Maja mampfend. Der Apfel ist nämlich ziemlich heiß.

Jonathan schluckt. Er weiß genau, was er sich zu Weihnachten am meisten wünscht. Aber sein Vater ist dagegen, weil er nicht so viel Geld für Quatsch ausgeben will, sagt er.

»Ein FC-Bayern-München-Trikot«, sagt er leise.

»Cool. Ich spiele auch bald Fußball«, sagt Maja. »Mama, krieg ich auch ein Bayern-München-Trikot?«

»Ich krieg aber keins«, sagt Jonathan, noch ein bisschen lei-

ser. Da will Maja natürlich wissen, warum. Und schließlich erzählt Jonathan es ihr auch.

Es wird früh dunkel so spät im Jahr. Und nun ziehen sie mit ihren Kerzenschiffchen und Majas Mama und den Streichhölzern los, tief in den dunklen Wald hinein.

Fast ist es ein bisschen unheimlich. Aber nur fast.

Nun macht die Straße eine Kurve und hier muss man auf den kleinen Waldweg abbiegen. Gleich sind sie bei Jette-Babettes Teich. Wenn es richtig kalt wird, kann man auf ihm Schlittschuh fahren. Jetzt biegen sie um die letzte Ecke und nun müsste der Teich schwarz und still vor ihnen liegen.

Aber … was ist denn das?

Jonathan und Maja stoßen zusammen, so plötzlich bleibt Jonathan stehen.

Da schwimmt etwas auf dem Wasser. Und es ist keine Ente.
Sondern zwei Lichter.
Sie schwimmen dort ganz alleine.

Adventsfische

Destinys Mutter muss nie in den Keller. Wirklich nie. Außer sie will ihn aufräumen. Oder im Keller stehen zwei Eimer voller Wasser. Mit Goldfischen darin.

Destiny rennt schon den ganzen Tag treppauf, treppab. Erst will ihre Mummy schauen, ob sie den Weihnachtsschmuck vielleicht in der Kommode im Keller hat. Falls Papa heute den Weihnachtsbaum kaufen sollte.

Aber das kann ja auch Destiny für sie nachsehen, oder?

Kellertreppe runter. Schmuck finden. Schmuck holen. Kellertreppe wieder hinauf.

»Tatsächlich«, sagt Mummy, »es ist alles da. Moment, bis auf den Stern für die Spitze. Ob der wohl noch in dem Schuhkarton im Regal liegt?«

Kellertreppe runter. Stern finden. Stern holen. Kellertreppe wieder rauf.

Dann ist Johns Taschenlampe nicht in seinem Zimmer. Aber er braucht sie doch, für die Weihnachtsfeier im Kindergarten. Lag nicht im Kellerregal noch eine Taschenlampe?

Kellertreppe runter. Verschnaufen. Keine Taschenlampe finden. Kellertreppe wieder rauf.

Dann … überlegt Mama, wo sie wohl die Kerzenreste vom letzten Jahr gelassen hat. Vielleicht im Keller?

Aber da wird es Destiny zu viel. »Hast du nicht gesagt, du musst noch einkaufen, Mummy?«, fragt sie.

Und siehe da – das muss sie wirklich. John kann solange bei den Nachbarn bleiben, aber Destiny soll mitgehen, um zu helfen.

Als sie vor dem Einkaufszentrum ankommen, stehen mehrere Leute vor dem Teich.

»Tatsächlich – es ist kein Einziger mehr da«, hört Destiny.

Und: »Wer das wohl war? Wer klaut denn Fische aus einem Teich?«

»Dabei schmecken Goldfische doch nicht einmal«, sagt Jonathans Mama.

Und Leons Mama fragt interessiert: »Woher weißt du das denn?«

Destiny will ihre Mummy an den Leuten vorbeiziehen. Aber Mummy will wohl über Goldfische sprechen. Sie bleibt

bei den anderen stehen. »Vielleicht war es jemand, der seinen Kindern Goldfische zu Weihnachten schenken wollte«, sagt sie.

»Ja, unglaublich. Na, hoffentlich hat der Dieb sie wieder in einen Teich ausgesetzt!«, sagt Leons Mama.

»Warum?«, will Destinys Mutter wissen.

»Na, die kommen doch aus der Natur. Die sind Wärme gar nicht gewöhnt!«, meint Leons Mama.

»Bekommen die eigentlich noch Luft, wenn der Teich zufriert?«, fragt Jonathans Mama.

»Der Gärtner hält immer einen Teil des Teiches offen«, antwortet Leons Mama.

Destiny zuckt zusammen. Oh nein! Da kommt auch noch Herr Maxeiner mit seiner Ohrenmütze und Destinys Herz fängt an zu hämmern.

»Haben Sie schon gehört?«, fragt da schon Jonathans Mutter. »Die Goldfische sind alle verschwunden.«

Herr Maxeiner wirft erst einmal einen tiefen Blick in den Teich. Dann sieht er die anderen an. »Tatsächlich«, stellt er fest.

Destiny versucht, sich hinter ihre Mummy zu schieben. Doch schon sieht Herr Maxeiner hinüber und Destinys Hände werden feucht. Nun ist alles verloren! Jetzt wird sich Herr Maxeiner ja denken können, dass sie gar keine Experimente machen wollten. Sondern stattdessen Fische geraubt haben.

Aber Herr Maxeiner … schaut einfach an ihr vorbei.

»Na«, brummt er dann gemütlich. »Die werden sich schon wiederfinden, die Fische. Denke ich.«

Hat er zu Destiny hinübergezwinkert? Sie ist sich nicht sicher. Jetzt nimmt er seinen Beutel und verschwindet im Einkaufszentrum.

Destinys Mutter zieht ihre Schultern zusammen. »Huh, diese Kälte. Schnell ins Einkaufszentrum, Destiny.«

Destiny aber ist gar nicht kalt. Ihr ist glühend heiß.

Drinnen zupft sie ihre Mutter am Ärmel. »Mummy?«

»Jetzt nicht, Destiny«, sagt ihre Mutter und öffnet die Tiefkühltruhe. »Wir brauchen noch Fischstäbchen.«

Fischstäbchen – jetzt läuft es Destiny kalt den Rücken hinunter.

»Aber Mummy, es ist wichtig«, flüstert sie.

»Gleich, Moment, sofort.«

»Mummy. Die Goldfische schwimmen in unserem Keller.«
Jetzt hört Destinys Mutter doch zu.

Und so kommt es, dass an diesem Abend die Goldfische schon wieder unterwegs sind. In denselben Eimern. Mit denselben Mädchen.

Und – kann man es glauben? Da biegt doch schon wieder Herr Maxeiner um die Ecke.

»Ah«, sagt er, als er sie sieht. »Fertig mit dem Experiment?«
Destiny und Maja nicken eifrig.

»Und? Habt ihr sehen können, was für Tiere da im Wasser schwammen?«, fragt Herr Maxeiner noch einmal nach.

»Ja«, sagt Maja. »Kleine … und große.«

Der schreiende Esel

Wie ist es feierlich in der dunklen Kirche! Es ist warm und still. Manche murmeln und husten ein wenig und es riecht überall nach Kerzen.

Die letzten Töne des Chores sind verklungen und jetzt, jetzt fängt das Krippenspiel an.

Oh, es ist so feierlich und aufregend, dass Lotta sich in ihren Daumen beißen muss.

Engelhaft weiß duckt sie sich hinter dem Stall mit der Krippe, denn jetzt gleich werden sie ankommen: Josef und Maria und der Esel.

Der Esel ist Paulina. Sie will jedes Jahr nichts anderes sein, das kann Lotta gar nicht verstehen.

Bei ihrem ersten Krippenspiel war Lotta ein Schaf. Und dann ein Hirte. Und dieses Mal darf sie endlich ein Engel sein.

Vielleicht liegt es an Paulinas Eselskostüm. Das hat ihr Oma genäht.

Sogar mit einem Halfter daran.

Paulina hat auch gesagt, dass Destiny auf ihr reiten kann, aber das wollte Destiny nicht. Stattdessen schreiten sie jetzt

langsam heran durch den Mittelgang. Destiny hat Lenis Babypuppe unter ihr T-Shirt geklemmt und sie hat ein Stück blauen Stoff um den Kopf gewickelt.

Ja, und um den Körper, sodass sie nur ganz kleine Schritte machen kann. Aber das ist auch gut. Denn sonst fällt bestimmt die Puppe heraus.

Josef geht neben ihr und er trägt einen Hut und ist eigentlich Maja. Eigentlich hatte Josef keinen Hut, hat der Pfarrer gesagt, aber das ist Maja egal. Ein Kind mit einer elektrischen Kerze in der Hand folgt Maria und Josef durch den Gang und der Erwachsenenchor singt: »Ihr Kinderlein, kommet.«

Oha – wie Lottas Herz trommelt. Jetzt sind Maria und Josef an der Herberge angekommen und klopfen dagegen. Das hört man aber kaum, weil die Herberge aus Pappe ist.

Leon guckt heraus und schickt Maria und Josef und den Esel fort. Und traurig zieht Maria am Halfter des Esels, weil sie jetzt ihr Kind im Stall bekommen muss.

Und wie jedes Jahr hat Lotta Tränen in den Augen. Die arme Maria!

Aber da passiert etwas. Plötzlich fängt ein Esel laut an zu schreien.

»I-ah, i-ah, i-ah!«, klingt es durch die dunkle Kirche, sodass alle zusammenzucken.

Im ersten Moment denkt Lotta, es sei ein echter Esel.

Aber dann begreift sie, dass es nur Paulina ist, die durch die Kirche schreit. Was hat sie nur?

»Komm, Esel, das Stroh in der Krippe ist doch weich und warm. Da kann mein Kindchen auch geboren werden«, sagt

Destiny und zieht Paulina am Halfter. Ein paar Leute fangen an zu lachen. Und wirklich hört der Esel auf zu schreien.

Aber jetzt kommen die Hirten. Lotta, der Engel, muss hinauf aufs Feld.

Doch als sie wie ein wunderschöner Engel an Paulina vorbeifliegt, da sieht sie etwas.

Tränen stehen in den Augen des Esels. Sie sind ganz rot.

Und beinahe kommen auch Lotta die Tränen. Doch sie kann jetzt nicht weinen. Sie hat eine Aufgabe. Und sie beginnt: »Fürchtet euch nicht, denn ich verkünde euch eine große Freude, die dem ganzen Volk zuteil werden soll: Heute ist euch in der Stadt Davids der Retter geboren; er ist der Messias, der Herr. Und das soll euch als Zeichen dienen: Ihr werdet ein Kind finden, das, in Windeln gewickelt, in einer Krippe liegt.«

Alles geht gut.

Nun sitzen sie im Gemeindehaus mit duftendem Kinderpunsch und Keksen. Maja hat noch einen Josefs-Bart, den hat sie sich selbst gemalt, und sie prustet den Kakao einmal quer über den Tisch.

Da fragt Lotta Paulina: »Warum hast du denn eigentlich so laut ge-i-aht?«

Paulina sieht sie an und wieder hat sie Tränen in den Augen.

»Da war Paulchen«, flüstert sie.

»In der Kirche?«, fragt Lotta nach. Paulina nickt.

»Und ich konnte ihn doch nicht rufen«, flüstert sie wieder und schluckt. »Ich war doch ein Esel.«

Das Nikolausgeschenk
von Jette-Babette

»Es ist so dunkel und so kalt und doch so weihnachtlich im Wald«, flüstert Lotta Destiny zu. »Das sagt meine Mutter immer.«

Und da lacht Destiny ihr glucksendes Lachen, das so lustig klingt, dass Lotta sofort mitlachen muss.

Und es stimmt: Es ist so weihnachtlich im Wald auf der kleinen Straße, die zu Jette-Babette mit den halbwilden Pferden hinunterführt. Groß und schwarz stehen die Tannen und es ist schon so dämmrig, dass die ersten Sterne am Himmel auffunkeln.

Und dort liegt Jette-Babettes altes Haus und durch die Fensterscheiben leuchtet das Licht so warm, dass Lotta ganz feierlich zumute wird.

Sie machen eine Kette: Lotta und Leni, die fast fünf Jahre alt ist, und John, der vier Jahre alt ist, und Destiny.

Vor ihnen laufen Kinder durch die Dämmerung und hinter sich hören sie die Jungen trapsen, also Jonathan und seinen allerbesten Kumpel Leon.

Alle diese Kinder sind auf dem Weg zu Jette-Babettes berühmter Weihnachtsbäckerei, die nur einmal im Jahr stattfindet und auf die Lotta sich jedes Jahr genauso freut wie auf den Nikolaus.

Plötzlich huscht ein Schatten vor ihnen durch die Dämmerung. Lotta und Leni bleiben erschrocken stehen.

Ob das ein Fuchs war? Der Schatten ist schon zwischen den Bäumen verschwunden.

Aber jetzt halten sie es nicht mehr aus. Alle fangen an zu rennen. Und sie brechen durch Jettes Tür wie eine Horde Wildschweine.

Wie ist es wieder herrlich bei Jette-Babette: Auf dem großen, alten Holztisch mitten in Jettes hutzliger Küche steht schon eine Riesenkanne von Jettes selbst gemachtem Johannisbeersaft. Und zwei Schüsseln voll mit Teig und kleine Schüsselchen mit Schokostreuseln und bunten Streuseln und Mandeln und Zuckerguss und was weiß ich noch allem.

Jette-Babette achtet darauf, dass sich jeder noch einmal die Hände wäscht, bevor sie Saft austeilt. Und Teigroller aus Holz und Schürzen und alte Hemden und jede Menge gute Laune.

Und sie achtet auch darauf, dass die Kinder nicht den ganzen Teig aufessen.

Jetzt ist Lärm in der Bude. Tja, das kann man nicht anders sagen!

Die Küche dampft vor Arbeit. Jede Ladung Kekse wird noch schöner als die davor. Destiny backt eine ganze Serie Engel für ihre allerbeste, immer noch kranke Freundin Maja.

Und dann backt sie noch eine Horde von Weihnachtsmännern für Majas Freund Oskar Janson. Denn das hat sie Maja versprochen.

Jonathan und Leon backen eine ganze Serie Aliens vor allem für sich selbst, wie sie sagen.

Lotta backt für ihre ganze Familie. Alle kriegen die gleichen Sorten Kekse – damit es keinen Streit gibt. Aber jetzt gerade fehlt die Notenschlüssel-Backform. Schon wieder! Klar, dass Leon die hat und Lotta ihn erst einmal durchkitzeln muss, weil sie genau weiß, wie kitzlig er ist.

Als Leon anfängt, mit Teig zu schmeißen, greift Jette ein und sagt: »So, nun stellen wir die letzten Bleche in den Ofen und dann zeige ich allen, die gerne möchten, was ich zu Nikolaus bekommen habe.«

Die Kinder beeilen sich, oh, wie sie sich beeilen, denn jeder braucht noch dringend ein paar Kekse, das ist doch klar.

Aber jetzt schiebt Jette die letzten, vollgestopften Bleche in den Ofen.

Sie müssen sich alle ihre Stiefel anziehen und die Jacken über die Schürzen. Frostig ist es draußen und so sternenklar! Bald werden alle Eltern durch den dunklen Wald getrabt kommen, um Kinder und Kekse abzuholen, aber jetzt sind sie noch allein. Nein, nicht ganz allein, denn von der Weide her hört man Jettes Pferde schnauben und Heu kauen.

In Wirklichkeit sind Jettes Pferde gar nicht wild. Man kann sogar auf ihnen reiten. Ja, wenn man es kann, natürlich.

Aber ihre Pferde kommen aus Island und dort lebten sie fast ganz und gar wild, hat Jette ihnen einmal erklärt.

In Lotta kribbelt es vor Aufregung, als Jette den Finger auf die Lippen legt und ihnen winkt, ihr zu folgen.

Am Schuppen geht es vorbei, in dem die kleine Kutsche steht. Und an dem großen, offenen Stall, in den die Pferde hinein- und hinauswandern können, wie es ihnen gefällt. Bis sie schließlich zu einem weiteren kleinen Holzhaus kommen, in dem zumindest Lotta noch nie in ihrem Leben war.

Lotta hält Leni fest an der Hand und sie spürt, wie Lenis kleine Hand zittert.

»Meinst du, Jette-Babette hat einen Engel da drinnen?«, flüstert sie. Kindergartenkinder haben manchmal wirklich seltsame Ideen.

Jette legt noch einmal den Zeigefinger auf die Lippen und dann öffnet sie die Tür und knipst ein flackerndes Licht an.

Eine Box ist hier drin und ein Pferd atmet und tritt ganz nah an die Boxentür heran, damit es sehen kann, wer hier noch zu Besuch kommt.

Als Lotta das Pferd streichelt, da sieht sie es.

Im Stroh bewegt sich etwas Dunkles.

»Seht ihr es?«, haucht Jette. »Seht ihr mein kleines Nikolausgeschenk?«

Sprachlos starren sie in die Box. »Wie winzig es ist«, flüstert Destiny.

Das Fohlen schläft tief. Es hat lange, dunkle Wimpern. Nur manchmal zuckt es im Traum mit den Beinen.

»Bestimmt hast du es Nikolaus genannt«, flüstert Jonathan.

Jette grinst. »Na klar. Das ist der kleine Nick.«

Lichtjungfern und Sternbuben

Natürlich hat Familie Rabe sich einen Adventskranz gekauft. Ganz rechtzeitig. Aber manchmal lebt so ein Adventskranz nicht so lange, wie man sich das wünscht. Besonders, wenn eine Mama nicht auf die Kerzen aufpasst.

Und hier marschiert nun Papa mit Leni an der Hand über den Markt, um mitten in der Adventszeit noch einen Adventskranz aufzutreiben.

Am ersten Blumenstand lachen sie nur. Wie er sich das wohl vorstelle – Adventskränze seien schon lange ausverkauft.

Aber ein Adventssonntag ohne einen Adventskranz? Das mag Leni sich nicht einmal vorstellen! Also marschieren sie zum nächsten Blumenstand. Dort sagt eine Frau, das sei ihrer Oma auch schon einmal passiert. Und dann schafft sie es, Papa und Leni noch einen kleinen Adventskranz zu binden. Und Leni darf ihn tragen.

Papa sagt, wenn er ihr zu schwer werde, dann könnte sie ihn sich ja auf den Kopf legen. Wie die Frauen in Afrika.

Und da trifft es sich so, dass Leni der Adventskranz zu schwer wird. Und zwar genau vor Oskar Janson. Der sitzt da auf der Mauer und zählt sein Geld und sieht recht zufrieden

aus. Gerade als Leni sich den Kranz auf den Kopf legt, da sieht er hoch.

Und nun – ja, Leni weiß gar nicht, ob Oskar noch zufrieden aussieht … oder eher traurig?

»In Schweden, wo ich herkomme, feiern wir heute das Luciafest«, stellt Oskar Janson fest. Er sieht sie an und seine grauen Augen werden feucht. »Da wählen wir die Lichterkönigin Lucia – sie trägt einen Kranz aus Licht auf dem Kopf. Und dann ziehen die Mädchen durch die Straßen, die Lucia voran und alle singen.«

»Oh, das ist schön«, sagt Leni.

Und da gibt Oskar Leni seine große Hand und fragt sie: »Willst du nicht meine Lucia sein?«

Leni muss kichern. Oh ja, das will sie gerne. Auch wenn der Adventskranz etwas schwer auf ihrem Kopf ist.

Da geht Oskar Janson doch zu dem Stand mit den selbst gebackenen Keksen hinüber. Wo Jonathans Mama gerade Kekse für die Schule verkauft. Und kurz darauf kommt er wieder mit einem weißen Tuch, das ist mit goldenen Sternen bedruckt, und mit einem roten Kreppband. Ein alter Mann mit einer Mütze mit Ohrenklappen bleibt stehen. Das ist Herr Maxeiner, das weiß Leni auch. Und seine Frau mit dem Humpelbein. Sie sehen zu, wie Oskar Leni das Tuch um die Schultern legt und ihr das Band wie einen Gürtel umbindet.

»Dass es hier auch keine Lussekatter gibt. Weit und breit gibt es hier keine Lussekatter«, murmelt er. »Aber dann muss es eben Pfefferkuchen tun.«

»Was für'n Kater?«, fragt Leni.

»Hefekringel«, murmelt Oskar Janson. Und – schwups – steht er wieder vor dem Keksstand. Jonathans Mutter lacht, als sie Oskar eins von den Pfefferkuchenmännchen gibt, die Jonathans Klasse neulich noch gebacken hat. Aber aufessen darf Leni ihn noch nicht. Denn jetzt soll sie ja erst einmal die Lucia sein und den Pfefferkuchen in die Hand nehmen.

Oskar Janson nimmt sie bei den Schultern und ruft laut hinein in all die Menschen: »Platz da für die Lucia. Platz für Schwedens Lucia!«

Da weichen die Menschen auseinander und machen eine Gasse für Leni-Lucia. Und nun schreitet Leni über den Markt wie eine wahre Lichtkönigin. Und Oskar Janson singt mit seiner lauten, tiefen Stimme hinter ihr eines seiner merkwürdigen Lieder. Nur, dass dieser Text noch merkwürdiger ist als sonst. Normalerweise kann man die Wörter ja verstehen. Aber diesmal versteht Leni gar nichts. Bloß, dass immer wieder »Lucia« vorkommt.

Doch da sagt jemand neben ihnen: »Die Kerzen brennen ja gar nicht.«

»Ich kann ja wohl nicht den Kopf eines Kindes anstecken«, schimpft Oskar. »Du kannst dir ja vielleicht *vorstellen*, dass sie brennen.«

»Warte«, sagt der andere Mann da wieder. »Lass sie einmal kurz stehen bleiben.«

Na gut, einmal kurz kann Leni wohl stehen bleiben. Und da legt der Mann ihr eine Lichterkette um.

»Die Batterie kannst du ja in den Gürtel stecken«, bestimmt Oskar Janson.

Es dunkelt schon ein wenig und vom Glüh-
weinstand weht es so feierlich herüber. Leni kann
den Kranz kaum noch halten, aber da packt Oskar den Kranz und hält ihn über Lenis Kopf.
Wie sie leuchtet! Wie alle sie ansehen!
Ja, und nun gibt es einen wahren Luciazug
über den Markt. Mit, wie Oskar sagt, Licht-
jungfern und Sternbuben zuhauf. Denn
Jonathans Mama folgt ihnen und Lenis
Papa auch und sogar Meike, die Prakti-
kantin aus dem Kindergarten.

Am Schluss darf Oskar Leni auf seine Schultern heben und alle klatschen der Lichterkönigin zu.

Und dann trinken alle Erwachsenen Glühwein und die Kinder bekommen Kinderpunsch vom Kindergartenstand und das erste Luciafest vom Beerenviertel neigt sich dem Ende zu.

Auch Papa will jetzt nach Hause gehen und das Abendessen vorbereiten für alle seine Kinder.

Da zupft Leni Oskar am Ärmel.

»Du?«

»Ja?«, brummt Oskar.

»Darf ich noch mal Lucia sein?«

Oskar zwinkert Leni zu. »Hat es dir gefallen?«

Leni nickt schnell. Oh ja, das hat es.

Da sagt Papa: »Nächstes Jahr, mein Lenilein. Da feiern wir mit Oskar wieder Luciafest, nicht wahr, Oskar?«

Und da klatschen wieder alle. Und nun ist es beschlossene Sache: Das Fest der Lichterkönigin hat Einzug im Beerenviertel gehalten.

Auf dem Beinbruchhügel

Noch jemand aber erwacht früh an diesem Morgen. Ungewöhnlich früh, lange, lange bevor sich die erste Dämmerung im Apfelbaum verfängt: Mama.

Irgendetwas treibt sie, leise die Schlafzimmertüren ihrer Kinder zu öffnen und zu schauen, ob sie alle noch da sind. Und sich nicht etwa in Luft aufgelöst oder in kleine, blinkende Roboter verwandelt haben.

Max? Ja, da liegt er – quer über sein ganzes Bett mit seinen Pumuckl-Wuschelhaaren.

Jakob? Von Jakob sieht man nur den linken großen Zeh. Der Rest ist eine Bettdeckenraupe. Aber die Raupe macht jakobartige Geräusche.

Lotta? Lotta liegt auf dem Rücken und atmet die Zimmerdecke an und sieht aus wie ein Weihnachtsengel mit ihren blonden Haaren.

Leni? Leni liegt … Leni liegt nicht! Mama reibt sich die Augen. Die Bettdecke ist auf den Boden gerutscht und das Bett ist so leer wie die Süßigkeitenschublade unten im Wohnzimmer.

Sicherheitshalber hebt Mama die Bettdecke hoch. Aber da-

runter ist genauso wenig Leni, bloß ihr Kuschelhase und ein paar Schokobonbon-Papiere.

Mama sucht. Sie sucht im ganzen Haus und es dauert nicht lange, bis sie begriffen hat, dass Leni einfach nicht da ist.

Dann ist aber etwas los im Haus der Familie Rabe!

Denn nun müssen *alle* früh aufstehen, um Leni zu suchen.

Kurz darauf hat Mama entdeckt, dass auch noch Lenis Winterstiefel verschwunden sind und Toto auch und da ist die Verzweiflung groß!

»Toto passt schon auf, dass Leni nichts passiert«, sagt Lotta zu Mama. Obwohl: Sie weiß eigentlich nicht, wie Toto das machen soll. Schließlich ist er ja keine Heizung. Nun aber machen sich alle auf die Suche. Sie suchen im Garten, im Keller, im Schuppen und in der Garage. Keine Spur von Leni.

»Mama! Der Schlitten ist verschwunden!«, ruft Lotta plötzlich aus dem Keller.

»Sie kann aber doch nicht mitten in der Nacht Schlitten fahren gegangen sein«, wundert Papa sich.

»Dohoch«, sagt Jakob. »Leni schon.«

Aber wo sollen sie nur suchen? Das Beerenviertel liegt hoch über der Stadt und deshalb gibt es mindestens fünf Schlittenhügel, harmlose und gefährliche. Und dann noch den Beinbruchhügel, auf dem Jakob sich schon einmal ein Bein gebrochen hat. Gibt es von Leni keine Spur?

Oh doch, es gibt eine Spur – und es ist Lotta, die sie entdeckt. Wie gut, dass der Schlitten so lange im Keller stand und deshalb viel Zeit hatte, vor sich hin zu rosten.

Und wie gut, dass es noch so unglaublich früh ist, dass

praktisch kein Mensch auf den Straßen herumläuft und Lenis und Totos Spuren verwischt.

Dieser Mensch würde sich auch sehr wundern, wenn er sähe, wie ein ganzer Haufen anderer Menschen mit den Nasen fast am Boden die Straßen entlangschleichen.

»Sie ist tatsächlich zum Beinbruchhügel gegangen«, stellt Jakob bewundernd fest und Mama wird gleich noch ein we-

nig schneller. Dabei ist die Abfahrt mit so tiefem Schnee gar nicht gefährlich. Erst, wenn viele Kinder den Schnee platt gefahren haben und die Schlitten richtig anfangen zu rutschen.

Ja – da ist Leni! Eine kleine Gestalt in der weißen Dämmerung.

Mama muss schluchzen, als sie Leni in die Arme nimmt und Leni ist ganz verwundert.

»Verflixter Mist – warum haben wir bloß nicht daran gedacht!«, sagt Max.

»Was denn?«, fragt Lotta.

»Na, die anderen Schlitten gleich mitzubringen!«

Tja, aber es ist ja nicht sooo weit zurück nach Hause …

Und so kommt es, dass Familie Rabe morgens um fünf Uhr Schlitten fährt.

Auf dem Beinbruchhügel.

Mit Taschenlampen.

Ganz allein.

Da werden die anderen Kinder sich am Morgen aber wundern.

Eine zündende Idee

Sonst liegt Jette-Babettes Teich in der Dunkelheit zwischen den hohen Bäumen so still, dass sich die Tannen, die Wolken und der Mond darin spiegeln. Aber heute Abend sieht er mit zwei kleinen, freundlich leuchtenden Augen zum Himmel hinauf.

Mit zwei leuchtenden Augen?

Als Jonathan und Maja und Majas Mama mit ihren Kerzenschiffchen in den Händen näher herangestapft kommen, können sie es erkennen: Es sind zwei einsame Teelichter, die da auf Jettes dunklen Wassern treiben.

»Da hatte wohl jemand die gleiche Idee wie wir«, sagt Majas Mama und lacht. »Aber das macht ja nichts. Ihr könnt ja eure Kerzenschiffchen dazusetzen.«

Da plötzlich raschelt es am Ufer und eine Taschenlampe flammt auf. »Hallo, Maja!«, schreit jemand herüber.

Paulina ist es und ihre Großmutter ist auch dabei.

Sie sitzen dort auf einem Baumstamm und haben heißen Kakao und Zimtsterne dabei.

Paulinas Oma sagt sofort, Maja und Jonathan und Majas Mama könnten sich ja gerne zu ihnen setzen.

Majas Mama aber ist froh, dass sie Maja und Jonathan bei Paulinas Oma lassen kann. Denn sie müsste dringend noch etwas arbeiten, wie sie sagt. Und Paulinas Oma verspricht, die beiden später wieder mit hinauf ins Beerenviertel zu nehmen.

Und nun sind sie alleine an dem stillen Teich. Maja und Jonathan zünden die Teelichter auf ihren Schiffchen an. Und sie schwimmen, hurra, alle beide!

Zwar verfängt sich Majas Weihnachtsmannschiff erst ein wenig im Schilf und sie müssen es mit einem Stock befreien. Und dann dauert es ein wenig, bis die Schiffchen alle auf dem Wasser treiben. Aber es sieht wunderbar weihnachtlich aus, wie die einsamen vier Lichter auf dem schwarzen Wasser schaukeln!

Sie hocken zu dritt auf dem Stamm und trinken warmen Kakao.

»Was wünscht ihr euch am allerallermeisten zu Weihnachten?«, fragt Paulina jetzt.

Jonathan antwortet lieber erst gar nicht, aber Maja sagt: »Ein Einrad.«

»Ich wünsche mir einen Kater«, sagt Paulina.

»Und du?«, fragt Paulinas Oma da und stupst Jonathan an.

Hmpf. »Lego Star Wars«, murmelt er. Aber da legt Maja schon los und erzählt allen und jedem, wie dringend man ein FC-Bayern-München-Shirt braucht, wenn man Fußballspieler ist.

Und dass die so teuer sind, dass Jonathans Papa so eins nicht bezahlen will.

Noch mal hmpf. Jonathan schweigt vor sich hin.

Paulinas Oma nimmt einen tiefen Schluck Kakao und dann sagt sie: »Als ich einmal klein war, da habe ich mir auch etwas gewünscht. So sehr, dass ich Bauchweh bekam.«

Jonathan sieht sie erstaunt an. Es ist merkwürdig, sich vorzustellen, dass Paulinas Oma einmal klein gewesen ist.

»Es war auch zu Weihnachten«, fährt Paulinas Oma fort. »Und ich war – wie Jonathan – ganz sicher, dass ich es nie im Leben bekommen würde.«

»Und was war das, Oma?«, fragt Paulina.

»Ein Kaninchen«, sagt die Oma und lächelt.

»Und wisst ihr, wie ich es trotzdem bekommen habe?«, fragt sie dann.

Die Kinder schütteln die Köpfe und Jonathan fängt an, auf dem Baumstamm hin- und herzurutschen.

»Ich habe gesungen«, sagt Paulinas Oma.

»Echt? Und dann hat dein Papa dir das Kaninchen gekauft?«, fragt Paulina.

Ihre Oma schüttelt lachend den Kopf. »Nein, natürlich nicht. Eher im Gegenteil. Nein, ich habe auf dem Weihnachtsmarkt in unserer Stadt Weihnachtslieder gesungen. Mit einem Hut vor mir. Und ich habe zwanzig Mark verdient. Das war ganz viel Geld damals und reichte sogar für zwei Kaninchen!«

»Echt? Und das haben Sie sich getraut?«, fragt Jonathan.

»Ich hatte allerdings Hilfe«, gibt sie zu. »Mein Onkel hat mich auf der Trompete begleitet.«

Jonathan zuckt zusammen. Und da stupst ihn auch schon Maja an. »Du kannst doch auch Trompete spielen«, sagt sie.

Das stimmt, er hat schon im Kindergarten mit Kornett angefangen. Und weil er so groß ist, spielt er jetzt schon eine echte Trompete.

»Kannst du auch Weihnachtslieder?«, fragt Maja.

»Na klar«, sagt Jonathan. Weihnachtslieder sind Pipifax für einen wie ihn. Aber nie im Leben traut er sich, auf dem Weihnachtsmarkt Trompete zu spielen. »Ich habe gar keinen Hut«, sagt er schnell.

Aber da hat er etwas Wichtiges vergessen, nämlich: »Aber ich!«, ruft Maja. »Den kannst du haben! Und außerdem will ich sowieso mit!« Und da wird Jonathan wieder heiß.

Wenn Maja dabei ist, traut er sich vielleicht.

Vielleicht, wie gesagt.

Verschwunden

»Ad-vent, Ad-vent, ein Licht-lein brennt«, singt Paulina. Sie hüpft den Bürgersteig entlang. Heute Morgen hatte sie die beste Idee überhaupt!

Alle haben doch einen Adventskalender, oder?

Paulina hat sogar zwei: einen gekauften mit Schokolade von ihrer Patentante. Und einen selbst gebastelten von ihrer Oma aus Streichholzschachteln. Mit einem kleinen Schutzengel drin und bunten Webperlen und so.

Aber sie weiß von einem, der noch keinen Adventskalender hat …

Drei Wege kennt sie ganz genau: den zum Einkaufszentrum, den zur Schule und den zum Schwimmbad. Und hier ist jetzt also das Einkaufszentrum.

Paulinas heiße Finger schließen sich um die vier Euro in ihrer Jeanstasche. Sie kann ja noch nicht rechnen, aber Oma hat gesagt, die Verkäuferin würde ihr helfen.

Sie holt tief Luft. Und dann verschwindet sie im Supermarkt.

Kurze Zeit später taucht sie wieder auf. Sie strahlt und ihr kleiner roter Rucksack sieht ziemlich schwer aus.

Hüpf, hüpf, hüpf. Netterweise hüpft der Rucksack mit.

Paulina kann ja unmöglich zur Schule wollen. Jetzt ist nur noch Nachmittagsbetreuung und da geht Paulina heute nicht hin. Bleibt also: das Schwimmbad.

Tatsächlich, hier kommt die große Halle in Sicht. Paulina muss nur noch eine Straße überqueren. Dafür muss sie an der Ampel warten.

Ob er sich freuen wird?

Ob er wohl schon auf sie wartet?

Paulina seufzt vor lauter Aufregung.

Die Schwimmbadtür ist so schwer. Schließlich hilft eine junge Frau mit einem Sportbeutel Paulina, die Tür aufzudrücken. Drinnen schlägt ihr heiße Chlorluft entgegen. Sie sieht sich suchend um.

Nichts.

Vielleicht ist Tobi ja im Bademeisterraum. Vorsichtig schaut Paulina um die Ecke. Kein Tobi. Und: kein Paulchen.

Aber da kommt Tobi – er kommt von draußen herein und bringt einen Schwall Winterluft mit sich.

»Wo ist er?«, fragt Paulina den riesigen Bademeister.

»Wen meinst du denn?«, fragt der zurück und streckt sich ein wenig.

»Paulchen doch!«, sagt Paulina. Wie kann er bloß fragen? Für wen sonst hat sie denn, bitte schön ganz viele Döschen im Rucksack? Für Tobi etwa? Bestimmt nicht, das ist doch ein Kateradventskalender.

»Hm«, sagt Tobi und schaut auf Paulina hinunter und plötzlich werden ihre Augen heiß.

»Der ist weg«, sagt Tobi schließlich mit rauer Stimme.

»Weg?«, flüstert Paulina. Tobi nickt. »Na ja, weißt du, so Katzen …«, fängt er an.

Aber da stürzen schon die Tränen aus Paulinas Augen.

Er ist doch jedes Mal da gewesen! Manchmal hat er unter dem Gummibaum geschlafen und manchmal auf der Liege im Bademeisterzimmer.

Immer wenn Paulina Zeit hatte, ist sie gekommen und hat ihn gestreichelt. Sogar Oma hat ihn schon gestreichelt.

Tobi hockt sich vor Paulina hin und sieht ihr in die Augen.

»Das ist wohl dein Lieblingskater«, sagt er.

Paulina kann nichts sagen. Nur schluchzen und nicken.

»Du brauchst dir keine Sorgen zu machen«, sagt Tobi mit seiner tiefen Stimme. »Katzen suchen sich selbst ein neues Zuhause. Und bestimmt hat Paulchen längst eins gefunden.«

Paulina sieht zu Tobi auf und nickt ein bisschen.

Da läuft Bens Mama mit Ben durch das Schwimmbad. Ben ist Jonathans kleiner Bruder.

Bens Mama sieht fragend zu Paulina hinüber. Aber da dreht Paulina sich um. Die schwere Schwimmbadtür fällt mit einem Plumps hinter ihr zu.

Wo Paulchen jetzt wohl ist? Ihr Paulchen?

Auf dem Weg nach Hause ruft sie ihn, immer wieder.

Aber nirgendwo lässt sich ein schwarzer Kater blicken.

Raubtiere fressen keine Kekse

Es ist finstere Nacht. Tief hängen die Wolken und um die Laternen steht ein grauer Dunst.

Auf den Straßen ist es still. Alle schlafen wohl schon, kaum ein Licht ist mehr zu sehen in den Fenstern. Nur die Laternen leuchten unerschütterlich in die Nacht hinaus.

Alle schlafen?

Jemand schleicht hier durch den Schatten einer Hecke.

Jemand läuft an dem Mäuerchen entlang, auf dem die Kinder so gerne balancieren.

Jemand huscht jetzt über die Straße. Und endlich haben die einsamen Laternen etwas zu tun. Denn dieser Jemand läuft nun durch ihr Licht, sodass sein schwarzes Fell glänzt wie Lack.

Jemand mit zwei Augen so grün wie das Meer.

Alle schlafen?

Nein, hier schaut noch einer fern.

Mit einem Sprung steht Paulchen, denn niemand anderes ist der Jemand, auf dem Fensterbrett außen.

Ob er Fernsehen gucken will?

Ja, das wohl auch, denn er sieht eine ganze Weile bei dem

Fußballspiel zu. Aber nun fängt er an, sich an der Scheibe zu reiben und zu miauen, dass man es durch die halbe Straße hört.

Jetzt hat der, der da drinnen Fußball schaut, es wohl auch gehört. Endlich.

Er dreht den Kopf. Er wundert sich, aber schließlich steht er auf. Und kommt zum Fenster. Und öffnet das Fenster.

Und – wusch – steht ein schwarzer Kater vor ihm auf dem Teppich und sieht ihn vorwurfsvoll an.

»Na, wo kommst du denn her?«, fragt Herr Maxeiner – denn er ist es, der hier nachts noch Fußball schaut.

Tja, aber leider kann Paulchen ja nicht reden. Er kann nur um Herrn Maxeiners Beine streichen. Und hoffen, dass der alte Mann endlich begreift, was so ein Kater will.

»Möchtest du etwas zu fressen haben?«

Bitte. Geht doch. Zur Sicherheit läuft er schon mal vor. In die Küche natürlich.

Und der Alte kommt tatsächlich hinterher. Und macht den Kühlschrank auf. *Und* hält ihm ein Stück hartgekochtes Ei vor die Nase. Geht's noch? Sieht er, Paulchen, etwa aus, als ob er gackert?

Paulchen setzt sich bequem hin und wartet. Mal sehen, was der Alte sonst noch im Kühlschrank hat.

Eine Gurke. Die kann der Mann gerne selber fressen.

Tomate. Hat man schon je von einem Kater gehört, der Tomate frisst? Mannmannmann, Paulchen gähnt.

Schokoladenpudding? Interessanter Versuch. Der schwarze Kater starrt Herrn Maxeiner an. »Erinner dich«, scheint er sa-

gen zu wollen. »Ich bin ein Raubtier. Na gut, ein kleines, aber trotzdem. Und Raubtiere fressen … die fressen … naaa?«

Kekse! Nein, die fressen keine Kekse, die Raubtiere! Paulchen rümpft die Nase, als der Mann ihm einen Keks vor die Schnurrbarthaare hält. Hat der Mann in der Schule denn gar nicht aufgepasst?

Aber nun … es raschelt … es duftet … Paulchens Augen werden groß und immer größer. Ooooh, gekochter Schinken. Jaja, das fressen Raubtiere. Und zwar ganz viel davon.

Paulchen frisst und schmatzt. Und als er Herrn Maxeiners gesamten Schinken aufgefressen hat, streicht er ihm zufrieden um die Beine.

»Bernd? Wer ist denn da?«, ruft jemand aus dem Schlafzimmer.

Das ist Frau Maxeiner und Herr Maxeiner geht hinüber zum Schlafzimmer. Bestimmt will er ihr jetzt erzählen, dass sie seit Neuestem ein Haustier haben. Nämlich einen Kater.

»Stell dir einmal vor …«, fängt er gerade an.

Doch es stimmt ja gar nicht. Niemand hat hier einen Kater.

Denn noch steht das Fenster offen …

Und bevor Frau Maxeiner die Küche erreicht hat, um sich den Kater einmal anzusehen, da ist Paulchen schon wieder in die dunkle Nacht verschwunden.

Bratapfelrezept von Majas Mama
für vier Leute und garantiert
ohne Brausepulver und Gummibärchen

2 Esslöffel	Rosinen
2 Esslöffel	Apfelsaft
4	mittelgroße Äpfel, am besten Boskop
2 Esslöffel	gehackte Nüsse (Haselnüsse, Mandeln, Walnüsse)
1 Prise	Zimt
Etwas	Butter für die Auflaufform
Etwas	Vanille-Eis oder
Etwas	am besten kalt gerührte Vanillesoße
1	Auflaufform
1	Backofen

Den Backofen auf 180°C vorheizen.

Die Rosinen waschen und mit dem Apfelsaft in einem Schälchen einweichen. Die Äpfel waschen und mit einem Apfelausstecher entkernen. Dabei musst du dir vielleicht helfen lassen. Die Rosinen kippst du jetzt in ein Sieb und lässt sie abtropfen. Dann vermischst du sie in einer Schüssel mit den Nüssen, dem Zimt und dem Honig. Wenn du keine Rosinen magst, kannst du sie auch weglassen oder du nimmst stattdessen Marzipanrohmasse (etwa 50 bis 100g), schneidest sie in kleine Stückchen und mischst sie zu den Nüssen.

Die Auflaufform bestreichst du mit etwas Butter. Dazu kannst du einfach Küchenpapier nehmen, etwas Butter daraufgeben und dann die Form damit von innen einreiben. Dann setzt du die Äpfel hinein, nimmst einen Löffel und löffelst die Nussmasse in die Äpfel. Nun bittest du einen Erwachsenen, die Form für dich in den Backofen zu stellen, denn dabei kann man sich ordentlich verbrennen. Die Äpfel müssen 30 Minuten backen.

Nach dem Backen auf Tellern anrichten und entweder etwas Vanilleeis dazugeben oder du rührst mit kalter Milch und Soßenpulver noch eine Vanillesoße zusammen, füllst sie in eine kleine Kanne und servierst sie dazu.

Damit du die Geschichten in der »richtigen« Reihenfolge nochmals lesen kannst, auch wenn schon alle Päckchen freigelegt sind, haben wir sie für dich aufgelistet

Anna Herzog
Auf die Päckchen, fertig, los! – Adventsgeschichten zum Entdecken
978 3 522 30399 6

Gesamtgestaltung: Barbara Korthues
Einbandtypografie: Michael Kimmerle
Innentypografie: Eva Mokhlis
Reproduktion: Digitalprint GmbH, Stuttgart
Druck und Bindung: Livonia Print, Riga

Dieses Werk wurde vermittelt durch die Literaturagentur Scriptzz,
www.scriptzz.de

Das beliebte Nikolausgedicht grandios illustriert

James Krüss
Das Nikolaus-ABC

32 Seiten · Gebunden
mit farbigen Illustrationen
von Günther Jakobs
ISBN 978-3-522-30413-9

Alle Jahre stets aufs Neu
Bringt uns jemand allerlei …

Wer dieser geheimnisvolle Mann ist, der nachts seine Gaben bringt, und wie er das anstellt, erfahren Kinder hier auf hinreißende Weise. Das beliebte Nikolausgedicht von James Krüss, neu illustriert von Günther Jakobs.

GABRIEL
Was wirklich zählt!

www.gabriel-verlag.de

Von Rentieren, Weihnachtswichteln und anderen himmlischen Helfern

Diverse
**24 Geschichten aus
der Weihnachtswerkstatt**
112 Seiten · Gebunden
mit farbigen Illustrationen von
Anna Karina Birkenstock
ISBN 978-3-480-23235-2

Der Advent steckt voller Geheimnisse: Wunschzettel verschwinden von Fensterbänken, Stiefel füllen sich auf wundersame Weise und die Vorfreude auf Weihnachten wächst mit jedem Tag. Jetzt hat der Weihnachtsmann alle Hände voll zu tun, zum Glück ist er nicht allein in der Weihnachtswerkstatt …

24 Geschichten von Rentieren, Weihnachtswichteln und anderen himmlischen Wesen, die dem Weihnachtsfest seinen ganz besonderen Zauber verleihen.

www.esslinger-verlag.de